台灣有事

日本眼中的台灣地緣重要性角色

台湾有事と日本の安全保障

日本と台湾は運命共同体だ

渡部悅和 尾上定正
小野田治 矢野一樹

目錄

前言

美中競爭恐怕將會長期持續下去

影響當前國際局勢的最大要素，大概就屬「美中競爭」了。不管是經濟面還是軍事面，美國及中國都分居全世界的第一名及第二名。發生在這兩個國家之間的貿易戰，對全世界的經濟及其他各方面的領域都造成了莫大的影響。這場貿易戰並非僅涉及貿易，同時更是左右未來世界趨勢的高科技（如運用ＡＩ人工智慧及機器人的無人化技術，以及量子技術、生化技術等等）的霸權之爭。

打從二〇一八年起，美國的川普總統就對中國表現出了檯面化對峙的態度。換句話說，正式的美中競爭可以追溯至二〇一八年。過去每一屆的美國總統，對中國採取的都是「交往政策」（Engagement Policy，參見第二章），也就是重視與中國的交流，邀請中國加入世界貿易組織（WTO）等國際組織，期許中國能夠成為一個負責任的民主大國。但是這樣的做法，卻帶來了截然相反的結果。中國完全不採行自由民主，堅持認為以中國共產黨進行獨裁統治的權威主義才是最佳體制。

只要中國國家主席習近平沒有放棄他的「中國夢」，印度洋－太平洋海域（Indo-Pacific）的緊張局勢就會持續下去。美中競爭的背景，就在於習近平主席提出了「中華民族的偉大復興」。習近平聲稱將在二〇四九年（中華人民共和國建國一百週年）之前，讓中國超越美國，成為「綜合國力和國際影響力領先全世界的『社會主義現代化強國』」。這可說是名副其實的「世界第一宣言」。

關於「中華民族的偉大復興」，習近平提出了許許多多的夢想。例如海洋強國的夢想、宇宙強國的夢想、航空強國的夢想、科技強國的夢想等等，展現出在每個領域都實現世界第一的企圖心。

在美國總統川普發動美中貿易戰的初期，習近平有些處於挨打的局面，但近來習近平似乎有了抗戰到底的覺悟。他似乎是打算在川普任職期間（最長會到第二任期結束的二〇二五年）暫時隱忍（註一），並獲得最終的勝利。

另一方面，川普在二〇一七年十二月發表《國家安全戰略報告》，緊接著又在二〇一八年一月發表《國防戰略報告》，報告中明確指出中、俄兩國是對美國最具威脅的國家，尤其對中國表現出了嚴厲的對峙立場。這在美國對中政策的歷史上，可說是個劃時代的轉捩點。

川普下令在南海發動「自由航行行動」（Freedom of Navigation Operations, FONOP），否定中國單方面的主權主張，同時在二〇一八年四月宣布對於有著多次違法前科的中國高科技企業「中興通訊」（ZTE）發動制裁（禁止高通〔Qualcomm〕、Google等美國企業將製造智慧型手機及通訊儀器所不可或缺的零件販賣給中興通訊），幾乎導致中興通訊無法維持營運而倒閉。除此之外，川普亦主導發動美中貿易戰，多次對中國進行經濟制裁（第一次對汽車、機器人等價值約三百四十億美金的八百一十八項商品課徵二五％的關稅，第二次對半導體等價值約一百六十億美金的二百七十九項商品課徵二五％的關稅，第三次對家電、家具、衣物等價值約兩千億美金的五千七百四十五項商品課徵最高二五％的關稅，第四次對家電、衣物等價值約一千一百億美金的三千二百四十三項商品課徵一五％的追加關稅），讓原本就岌岌可危的中國經濟更是雪上加霜。此外川普還禁止世界最大通訊裝置公司「華為」的產品進入美國市場（理由是基於安全考量，詳見第一章），並且禁止美國企業提供華為產品所需要的核心軟硬體。川普如連珠砲般祭出這多種的對抗及制裁政策，足見他有極大的決心要正式展開美中競爭。

關於美中競爭的細節部分請見內文，值得注意的是美中競爭的本質源自於美國長久以來的基本戰略思維：「強權美國不允許其他國家成為另一個強權」。在這個前提之下，這場美中競爭很有可能會長期持續下去，不太可能在短時間之內結束。

美國自二〇一〇年起就持續發表針對中國軍事實力增強的因應對策

本書的第二章，將會從戰略的角度說明美國如何因應中國快速增強的軍事實力。其內容主要包含針對人民解放軍的「反介入／區域拒止」（Anti-Access/Area Denial, A2/AD）戰略（詳見第二章）採取了什麼樣的因應對策等。

在這第二章之中，除了說明構成美國戰略梗概的《國家安全戰略報告》及《國防戰略報告》之外，主要的介紹內容還有對抗中國Ａ２／ＡＤ戰略的海空軍主導作戰構想「空海整體戰」（ASB：Air Sea Battle，發表於二〇一〇年，詳見第二章），以及美國陸軍為了與

「空海整體戰」互別苗頭，委託蘭德公司[1]構思的「反艦飛彈咽喉點防衛」構想（詳見第二章），還有由美國國防部在二〇一九年六月一日發表的《印太戰略報告》（IPS: Indo-Pacific Strategy Report，詳見第二章），以及由智庫組織「戰略和預算評估中心」[2]所發表與IPS有緊密關聯性的「海上壓力戰略」（Maritime Pressure Strategy，詳見第二章）等等。

尤其若能理解CSBA的「海上壓力戰略」，就能明白第一島鏈[3]的重要性，亦能理解身為第一島鏈重要成員的日本及台灣在防衛上有著密不可分的關係。

---

1 原註：蘭德公司（RAND Corporation）是位在美國華盛頓特區的知名智庫，與美國國防部及軍方高層（尤其是空軍）有著深厚的關係。

2 原註：戰略和預算評估中心（Center for Strategic and Budgetary Assessments, CSBA）也是位在美國華盛頓特區的知名智庫，擅長於制訂美國國防政策、規劃戰力及編列預算，與美國國防部及軍方高層有著深厚的關係。

3 原註：由堪察加半島（Kamchatka Peninsula）、千島群島、日本群島、琉球群島、台灣、菲律賓、大巽他群島（Greater Sunda Islands）所形成的島鏈。

韓國漸趨危險而台灣相形重要

韓國與台灣是美中競爭局勢下最值得關注的兩個國家，兩國的狀況皆與日本的國家安全有著密不可分的關係。

韓國的文在寅總統站在「侮日、反美、親中、從北韓」的立場，追求的是建立「南北聯邦共和國」（北韓則提議建立「高麗民主聯邦共和國」）。當全世界都在關心北韓是否會全面廢除核武的時候，韓國政府所支持的並不是美國所提出的「完全、可驗證且不可逆的非核化」（Complete, Verifiable and Irreversible Denuclearization, CVID），而是北韓所追求的「階段性廢除與階段性解除經濟制裁」，由此可看出韓國與美國在立場上的不一致。這造成美韓關係惡化，甚至一度陷入駐韓美軍可能必須撤離的窘境。

如果美國真的撤離駐韓美軍，基本上就等同於美韓解除盟友關係。文在寅政府所追求的是南北韓統一，如果這種親北韓的左翼政策長久維持下去，美韓解除同盟遲早將變成事實（註二）。

文在寅政府的反日態度相當明顯，不管是針對慰安婦問題、徵用工問題（註三）、雷達鎖定問題（註四），還是戰略物資輸出管理問題，都不斷提出情緒性的不理性主張，徹底與日本對立，彷彿把日本當成了韓國的最大敵人。

只要親北韓、反美又侮日的文在寅沒有下台，韓國勢必會脫離西方民主陣營。美國所追求的美日韓三國同盟關係終究只是一場夢而已，美日兩國都必須為美韓分道揚鑣這個最壞的結果預先做好準備。

中華民國（台灣）的情況，則恰巧與韓國截然相反。台灣本來就是一個親日的國家，自從蔡英文總統上台之後，台日關係一直維持在相當良好的狀態。如果美國撤離駐韓美軍，美軍的防衛線將轉移到第一島鏈上，而日本及台灣都是第一島鏈的重要成員。關於這個狀況，將在第二章之後詳細分析。

川普政府近來向台灣頻頻示好，而中國向來視台灣為最重要的核心利益。川普政府這樣的行為，可說是不斷觸動著中國的敏感神經。事實上川普這麼做，明顯是在為未來的美中角力戰鋪路，而這也意味著川普已能預見朝鮮半島上的美韓同盟未來將迎接什麼樣的結果。

本書將會進一步舉出日本所主張的「自由且開放的印度太平洋戰略」，以及第一島鏈防衛等諸般理由，強調台灣的重要性。

台灣在日本的戰略中遭到忽略

在本書的最後，則會談到「日本該採取什麼樣的戰略」。在美中競爭局勢之下，台灣顯然會成為國際間關注的焦點。因此在第四章中，我們將說明「台灣的重要性」。

美中的競爭到後來可能會演變成軍事衝突。近來川普政府所提出的親台政策之多，幾乎到了令人瞠目結舌的地步。諸如推動成立《台灣旅行法》（Taiwan Travel Act），促進美國政府與台灣政府間所有層級互相訪問；提議依據《國防授權法案》（National Defense Authorization Act, NDAA）讓美軍的艦艇定期停靠台灣的港口；在今年（二〇一九年）六月一日所發表的《印太戰略報告》中大剌剌地將台灣與日本等獨立國家擺在一起，並且同意販售總額高達二十二億美金的武器給台灣（公布於隔年七月）等等，很顯然川普是將台灣當成了對抗中國的一張王牌。

然而中國向來視統一台灣為最重要的核心利益，美國的這些親台舉動當然會引發中國的強烈反彈，最終甚至可能引發美中的軍事衝突。

如果台海發生戰爭，日本該採取什麼樣的立場？雖然是發生在台海的戰爭，但日本有可能會遭到波及。為了避免臨陣驚慌，日本必須從現在就做好準備。而最重要的一點，就是必須修改日本的《憲法》第九條。如果不先修改《憲法》，讓行使集體自衛權不再具有一絲一毫法律上的疑義，當台海及日本進入戰爭狀態時，日本將無法採取最適當的措施。

關於這個部分，本書將在第五章介紹「第四次台灣海峽危機情境模擬」，並在第六章討論「日本的戰略」。

日本的國家安全充滿了危險漏洞

像日本這樣在國安上充滿危險漏洞的國家，綜觀全世界可說是少之又少。因二戰戰敗而增列的《憲法》第九條，讓戰後日本的國家安全議題陷入了極大的矛盾之中。《憲法》第九條打著和平主義的理想口號，明文規定放棄戰爭、不維持戰力、不擁有交戰權。正因為太過拘泥於這種極端的和平主義，讓日本的國家安全議題陷入一個極為愚蠢而不合理的窘境，成為全世界有識之士眼中的笑柄。

由於日本只能採取極度受限的防衛政策（專守防衛[4]、最低限度的防衛力量、避免成為軍事大國、非核三原則等），所以才會被中國、北韓、俄羅斯這些以力量至上的國家輕視及威脅。

有些日本的憲法學者甚至公然聲稱「擁有自衛隊是違憲的行為」，一些左派的在野黨也常常以「自衛隊違憲論」為武器，阻撓國會針對國家安全議題進行合理討論。這些人反對修改《憲法》，反對修改《美日安全保障條約》，反對成立《間諜防治法》，反對保護特定機密的相關法律，反對和平安全法制，幾乎是反對所有改善日本國家安全體制的政策。

這讓日本成為世界知名的間諜大國，潛入日本的間諜都可以為所欲為而不受限制。此外，也使得北韓的武裝間諜船、漁船及中國海警局的公務船、漁船都敢一而再、再而三地侵犯日本的領海。這種充滿不利因素的日本國家安全現況如果不盡早從根本加以改善，日本人在面臨嚴苛困境時將不具備自救的能力。

美中兩國競爭世界第一的寶座，夾在中間的日本假如只能旁觀及任憑擺佈，實在是太窩囊了一點。日本經濟同友會的代表幹事小林喜光，將平成時代的三十年形容為「敗北與挫折的三十年」（註五），我們衷心期盼從二〇一九年五月開始的令和時代能夠搖身一變，成為「日本復甦的榮耀時代」。要實現日本復甦的願景，重新建立整個國家的體制是不可或缺的必經過程。

本書經台灣研究團隊成員私下討論，決定各章節的撰稿者如下。

第一章、第二章、第三章及全章節的彙整由前陸上自衛隊中將渡部悅和負責。

第四章由前航空自衛隊中將尾上定正負責。

第五章由前航空自衛隊中將小野田治負責。

第六章由前海上自衛隊中將矢野一樹負責。

二〇一九年冬　於日本防衛省附近的市谷辦公室內

代表執筆人　渡部悅和

4　原註：「專守防衛」一詞若看字義，單純只是「只防衛而不進攻」之意，但日本政府的解釋如下：「在遭受武力攻擊時才能進行防衛，且防衛的樣態只能在自衛所需的最低限度範圍之內。此外，擁有的防衛能力亦只能維持在自衛所需的最低限度範圍之內，秉持《憲法》精神的被動防衛戰略姿態。」

譯注——

註一：原書成書於二〇一九年，當時美國總統大選尚未定論，最後是由民主黨的拜登當選。貿易戰至本書中文版出版為止，依然在進行當中。

註二：文在寅所屬政黨，共同民主黨於二〇二二年三月的總統大選中落敗，由國民力量的尹錫悅入主青瓦台。尹錫悅展現出親美、抗北韓、疏中的態度。

註三：朝鮮人在戰時遭強迫勞動。

註四：日本巡邏機遭韓國驅逐艦以雷達鎖定。

註五：指明仁天皇繼位時的一九八九年一月八日起，至二〇一九年四月三十日止，以平成為年號的時代。

第一章

美中競爭與中國的國家安全戰略

1　美中貿易戰與美中競爭

美中貿易戰的發生背景是「美中競爭」，這場競爭若要詳加描述，可以稱之為「美中在ＡＩ等方面的科技霸權之爭」。中國國家主席習近平口中所說的「科技強國」，正是中國舉全國之力爭奪科技霸權的象徵性表現。

美中競爭涵蓋的面向很廣，其主要範疇之一為高科技領域（ＡＩ人工智慧、機器人之類的無人機，以及第五代行動通訊技術〔５Ｇ〕等等）的主導權之爭。中國依循著「中國製造二〇二五」[1]，以全國的力量追求在二〇四九年（中華人民共和國建國一百週年）之前，讓中國成為「世界的製造大國」。事實上這個「中國製造二〇二五」正是美國最大的眼中釘。

高科技霸權之爭除了涉及民間產業的競爭，在未來也勢必與軍事實力之爭產生最直接的關聯性。因此最令人擔憂的一點，是美中的高科技霸權之爭有可能會演變成軍事上的衝突。在這場美中競爭的局勢之下，日本首當其衝，必定會承受各種直接及間接的影響，因此我們必須隨時注意其發展的動向。

二〇一八年全面爆發美中競爭

從世界和平安全的觀點來看，二〇一八年可說是歷史性的一年。因為「美中競爭是從二〇一八年正式揭開序幕」。這場競爭的主要推手，是評價兩極但擁有強大執行力的美國總統川普。在川普之前的歷任美國總統如歐巴馬、小布希、柯林頓等人，都對中國採行「交往政策」，對於中國所施行的極度高壓外交政策及侵犯智慧財產權等不法行徑都沒有加以譴責及制止。由此造成中國一方面對外國企業進入中國市場設下諸多限制，另一方面又強迫外國企業提供各種尖端技術，更有甚者，還會利用網路駭客手段和間諜活動竊取尖端技術。中國便是靠著這樣的手法，一躍成為世界排名第二的經濟大國及軍事大國，獲得了挑戰美國的實力。

相較之下，川普政府不僅在二〇一七年十二月公布《國家安全戰略報告》，隨後又在二

1　原註：中國國務院總理李克強在二〇一五年公布的產業政策，其中設定了十大重點發展領域如新一代資訊通信技術等，追求在二〇四九年之前「進入世界製造強國前列」。

〇一八年一月公布《國防戰略報告》，明確指出中、俄兩國是對美國具威脅性的國家，尤其對中國表現出了嚴厲的對峙立場。例如川普下令在南海發動「自由航行行動」，否定中國單方面的主權主張，同時在二〇一八年四月宣布對於有著多次違法前科的中國高科技企業「中興通訊」發動制裁，幾乎導致中興通訊無法維持營運而倒閉。除此之外，川普亦主導發動美中貿易戰，前後三次對中國進行經濟制裁，讓原本就岌岌可危的中國經濟更是雪上加霜。然而最震驚世人的一件事，是美國在二〇一八年十二月一日要求加拿大司法部逮捕世界最大通訊裝置公司「華為」的副董事長兼財務長（CFO）孟晚舟（註一）。川普如連珠砲般祭出這多種的對抗及制裁政策，足見他有極大的決心要正式展開美中競爭。

這場美中冷戰很可能會持續相當長的日子，不會輕易結束。

美國副總統彭斯在哈德遜研究所的演講中譴責中國

二〇一八年十月四日，時任美國副總統彭斯（Mike Pence）在保守主義智庫哈德遜研究所（Hudson Institute）演講，內容大力抨擊中國，指稱「共產黨藉由『中國製造二〇二五』計畫，把目標放在掌控世界上九〇%的尖端產業，包括機器人、生物技術和AI人工智慧。

為了贏得二十一世紀經濟的制高點，中國政府已指示其官僚和企業以各種手段竊取美國的智慧財產」。

彭斯的這場演講，正證明了美中貿易戰的本質是「ＡＩ等高科技的美中霸權之爭」。

中國的經濟原本就處於岌岌可危的狀態，龐大債務處理問題及其他結構性問題都是亟待解決的重大難題，再加上川普所主導的貿易戰，對於中國的經濟更是雪上加霜。中國的著名經濟學家中歐國際工商學院教授許小年強調，中國要突破當前的困境，需要的是「創新」。而習近平的科技強國路線及富國強軍路線，正是企圖靠著ＡＩ之類尖端科技來實現創新的目標。

川普政府的目的是搞垮華為

遭逮捕的孟晚舟是華為創辦人任正非的長女，可說是華為內部的第二把交椅，接任華為ＣＥＯ的呼聲很高。川普政府主導逮捕孟晚舟，是對中國發動貿易戰的一步棋，目的在於展現出「如果不乖乖聽話，我就把華為搞垮」的決心。

華為是中國少數的世界級大企業之一，川普挑上華為當作下手的目標，很明顯是想要阻撓中國的「中國製造二〇二五」及第十三個五年規劃「二〇三〇年科技創新規劃」。

華為創辦人任正非是軍人出身，在一九七八年從解放軍退役，其後在一九八七年創立華為公司，研發手機基礎網路所需要的通訊裝置。如今華為能成為全世界最大的通訊裝置製造商，其背景據說與中國共產黨及人民解放軍有著密不可分的關係。例如解放軍想要打造現代化部隊，就必須提升指揮、管制、通訊，以及網路戰、資訊戰的能力，而華為就是負責提供協助的企業（還有中興也是）。此外，華為也是中國追求「高科技監控國家」的核心企業。

川普政府將華為視為眼中釘，除了懷疑華為利用網路駭客手法竊取尖端技術之外，更因為華為是提供第五代行動通訊技術（5G）的世界最大企業。在「中國製造二〇二五」中列舉的十大技術，5G就名列第一位。只要搞垮華為，就能夠阻止中國實現「中國製造二〇二五」。

另一方面，包含美國在內的許多先進國家（日本、英國、澳洲、加拿大等國），都發現華為所生產的裝置設備藏有竊取資訊用的後門（可用來非法入侵電腦儀器的入口），因而發起了抵制華為產品的運動。美國除了自己不用華為的產品，也強烈呼籲同盟國及友好國家這麼做。

●二〇一九會計年度的美國《國防授權法案》中的規定

美中貿易戰在本質上與國家安全有著密不可分的關係。其根據之一，就是美國二〇一九會計年度的《國防授權法案》（National Defense Authorization Act, NDAA）第八九九條的規定。內容明文禁止美國官方機構購買或使用「特定儀器或服務」，其中就包含了「華為及中興（及其子公司、關聯企業）所生產或提供的通訊裝置或服務」。

除了華為及中興之外，同樣遭到點名的中國企業還有海能達（Hytera Communications Corporation）、海康威視（Hangzhou Hikvision Digital Technology Company）、大華（Dahua Technology Company）及其子公司、關聯企業。這些企業所製造的影像監控儀器及電子通訊裝置，以及藉由這些儀器裝置所提供的通訊或影像監控服務，都屬於遭到禁止的特定儀器或服務。

除此之外，美國政府還會關注與美國政府機關有商業往來的企業，是否使用了上述企業的儀器或服務。凡是在八九九條中遭到點名的企業，除了不能與美國政府機關有所往來之外，就連與民間企業往來也受到相當大的限制。

●中國的《國家情報法》與《國防動員法》

美國以《國防授權法案》徹底排除中國企業製品的原因之一，就在於中國在二〇一七年六月二十八日實施了《國家情報法》，其中的第七條明文規定「任何組織和公民都應當依法支持、協助和配合國家情報工作」。換句話說，只要中國共產黨一聲令下，全中國的所有企業及國民都有義務從事間諜活動。尤其是像華為、中興這類高科技企業，當他們將５G服務提供至全世界，他們就能透過網路系統獲取龐大的資訊，轉交給中國共產黨。美國政府正是因為察覺到這個危險性，所以才拒絕華為、中興等中國企業的產品進入美國，同時也呼籲同盟國及友好國家採取相同的措施。

這套《國家情報法》讓人聯想到中國在二〇一〇年實施的《國防動員法》。《國防動員法》裡頭規定不管是否為戰爭時期，只要中國政府認為「有必要」，隨時可以徵調中國國內一切組織的人員、物資及金錢，包含進駐中國的日系企業。對《國家情報法》與《國防動員法》的擔憂，是美國決定排除中國製高科技產品的主因。

中國的《國家情報法》與《國防動員法》，是一般民主國家所難以想像的法律。像這樣的法律，會對民主國家造成相當大的威脅。

2　關於美中競爭的美方立場

修昔底德陷阱

「修昔底德陷阱」是由古希臘歷史學家修昔底德（Thucydides）所提出的假說，意思是「當出現新的強權國家時，會因為既有的強權國家所抱持的疑慮及對抗心態而導致爆發戰爭」。

西元前五世紀，修昔底德觀察古希臘強權城邦斯巴達與後來崛起的新興城邦雅典的緊張關係，作出了「雅典的崛起與斯巴達的疑慮帶來了兩個國家之間的戰爭」（即伯羅奔尼撒戰爭〔Peloponnesian War〕）的結論。

哈佛大學的格雷厄姆．艾利森（Graham T. Allison）教授長年研究「修昔底德陷阱」，他指出「綜觀過去五百年的歷史，較晚崛起的大國挑釁既有大國的例子共有十六次，其中十二次爆發了戰爭」。此外他也強調「美國和中國陷入修昔底德陷阱的可能性遠高於我們的預期。能否迴避修昔底德陷阱，是思考現代世界秩序時的一大焦點」[2]。

約翰．米爾斯海默的《大國政治的悲劇》

芝加哥大學的約翰．米爾斯海默（John Mearsheimer）教授在其主要著作《大國政治的悲劇》（*The Tragedy of Great Power Politics*）的第十章「中國是否能和平崛起？」中提到，「中國的崛起絕對不可能維持和平，新興強權國家中國必然會與強權國家美國形成對峙關係」，「美國絕對不會容許世界上出現足以與美國為敵的大國，（中略）絕對不會讓出『世界唯一的區域強權國』的地位」，甚至還寫道「美國一定會盡全力打壓中國，不計一切代價讓中國無法成為亞洲霸主」。

從國際政治的角度來看，大國之間的關係基本上是一種零和賽局，其中一方獲勝必定代表另外一方落敗。在這個力量此消彼長的世界裡，美中兩國的關係絕對不可能出現雙贏的局面。各國都是以成為區域大國為目標。美國想要建立在西半球（南北美洲）的絕對強國地位，中國也想要建立在亞洲的絕對強國地位。以上就是米爾斯海默教授的主張。

邁克爾・林德的《美國式戰略》

美國的外交評論家邁克爾・林德（Michael Lind）在其著作《美國式戰略》（*The American Way of Strategy*）中，針對美國的霸權戰略直言不諱，獲得了廣大讀者的迴響。他在這本著作中寫道，「自從美國在十九世紀崛起成為大國之後，美國的政治家們就一直堅持著兩大目標，其一是維持美國在北美地區的霸權，其二是防止歐洲、亞洲及中東地區出現足以敵對的大國。事實上美國在兩次世界大戰中，一直靠著多極世界各大國的協助，阻止北美以外的地區出現強權化的大國。蘇聯解體之後，一九九〇年代及二〇〇〇年代的美國領導者，皆是靠著將冷戰時代所建構起來的強權式同盟系統，轉換成美國的半永久性世界強權」。

由林德的描述可以得知，美國為了確保自己的世界強權地位，一直在設法阻撓其他強權國家崛起。曾經阻撓過的具體對象有冷戰時期的蘇聯，以及日本、德國。

2 原註：*Graham Allison. The Thucydides Trap: Are the U.S. and China Headed for War?*, Harvard-Belfer Center for Science and International Affairs.

第二次世界大戰之後，全世界分裂成了東西兩大陣營，雖然歷經過嚴峻的冷戰時期，但因蘇聯在一九九一年解體而分出了勝負。美國與西方諸國一同在冷戰中戰勝了最大的敵人蘇聯，後者就此消失。

美國緊接著又對曾經在二戰中交戰過的日本及德國抱持著警戒，使用各種不同的手段阻止這兩個國家的勢力繼續擴大。

到了川普政府時代，美國想要打壓的對象變成了中國。一九八〇年代，以美國貿易代表處（United States Trade Representative, USTR）代表的身分，強力打壓日本的勞勃．萊特海澤（Robert E. Lighthizer），如今也同樣以貿易代表的身分對中國發動貿易戰。對於不允許其他大國崛起的強權美國來說，現在正進行得如火如荼的美中貿易戰是一場無可避免的必然行動。

哈佛大學格雷厄姆．艾利森教授的《注定一戰？》

哈佛大學的格雷厄姆．艾利森教授在二〇一七年五月出版的著作《注定一戰？中美能否避免修昔底德陷阱》（*Destined for War*）中[3]，有著以下這樣的內容。

艾利森教授對許多中國的專家詢問了以下這個問題：「習近平所領導的中國，是否會在不久後的將來，在亞洲成為取代美國的強權國家？」絕大部分的專家都是含糊其辭，避免正面回答。但是當艾利森教授以相同的問題詢問新加坡的開國總理李光耀（他是習近平在政治上的指導者）時，李光耀先是驚訝地說了一句，「你在開什麼玩笑」，接著明確地說道：「那是當然的事，中國有著遠大的抱負，將來不僅要成為亞洲第一，還要成為世界第一。」

根據艾利森教授的說法，正如同川普所強調的「讓美國再次偉大」（Make America Great Again）一樣，中國的夢想是「讓中國再次偉大」。艾利森教授認為這代表了以下四件事，而其背後隱含著中國的大中華思想。

- 恢復遭歐美諸國侵略前中國在亞洲的崇高地位。
- 取回所有大中華疆土的統治權。除了新疆維吾爾自治區及西藏之外，還包含了台灣及香港。

3 原註：Graham Allison. *Destined for War: Can America and China Escape Thucydides's Trap?*

・恢復邊境及沿海地區在歷史上的中國影響圈，並且讓其他各國對此影響圈抱持敬意。

這是偉大的國家經常會對其他各國提出的要求。

・在世界的舞台上，命令其他大國對中國抱持敬意。

比較歐巴馬政府的對中政策與川普政府的對中政策

大多數的人在形容歐巴馬政府的對中政策時，都會使用「交往」及「避險」（hedging）這兩個詞彙。一方面與中國持續交往，引導中國成為一個願意遵守國際社會規範的國家，但另一方面也提防交往失敗的情況，持續保持警戒與施壓。

然而歐巴馬政府在初期的階段，並不將中國視為一大威脅，經常作出「樂見中國的和平崛起」之類的發言。在許多言論上，都可看出歐巴馬政府將中國視為大國並且願意退讓。例如二〇一五年的《國防戰略報告》中有這麼一段話：「我們樂見中國的崛起，同時也希望中國成為我們在追求國際安全上的偉大夥伴。但是中國的行動，在亞洲的太平洋地區帶來了一些緊張氣氛。例如中國要求將絕大部分南海海域視為中國的領土，這並不符合國際法。我們希望國際社會持續與中國針對此事尋求協商，而非高壓式的解決途徑。」這種評論中國的方式，是非常自我壓抑的。美國在歷史上很少對一個正在崛起的勁敵國家採取如此寬容的政策。

歐巴馬政府的對中政策著重於交往與和諧，甚至顯得有些過於縱容，然而川普政府的對中政策則有了一百八十度的轉變。川普政府不容許有任何新崛起的大國挑戰美國的權威，這種嚴峻的態度才是美國自從第二次世界大戰之後的一貫作風。

3 中國是以成為世界第一的強權國家為目標

習近平的「中國夢」是「中華民族的偉大復興」

習近平以「中國夢」來形容中國對國家發展及復興的願景，而這個「夢」的意涵就是「中華民族的偉大復興」。他在二〇一三年的全國人民代表大會[4]上，發表了兩個與一百週年有關的目標。第一個是在共產黨創黨一百週年（二〇二一年）之前消滅貧困，讓中國社會進入一個稍見富足的「小康社會」。第二個則是在中華人民共和國建國一百週年（二〇四九年）

4 原註：相當於中國國會的機關。除了是唯一的立法機關，也是一院制的議會。

圖 1-1　中國的三階段發展戰略

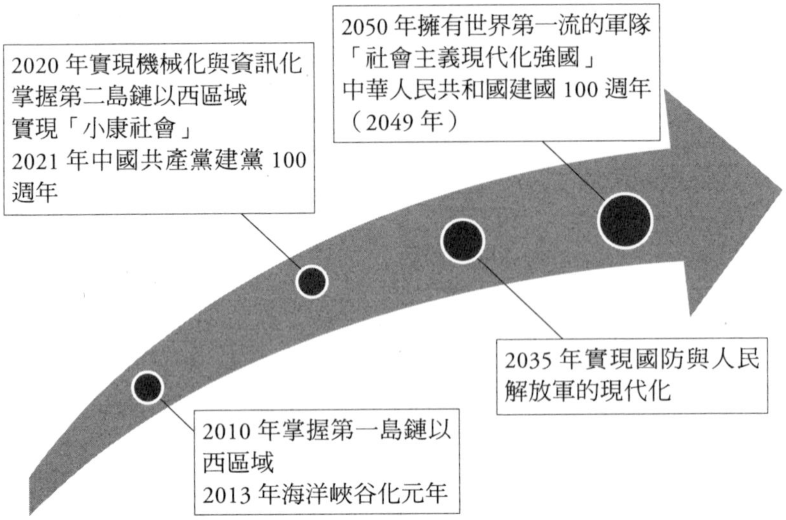

出處：筆者依據台灣的《國防報告書》繪製

之前，讓中國成為一個富強、民主、文明、調和的「社會主義現代化強國」。二〇一五年版的《國防白皮書》裡頭也提及了上述目標，被視為是軍事戰略的前提（註二）。

在二〇一七年的第十九屆黨代表大會上，習近平更發表了「中國人民解放軍的三階段發展戰略」。首先第一階段是在二〇二〇年之前「實現軍隊的機械化和資訊化」，第二階段是在二〇二〇年至二〇三五年之間「實現國防和軍隊現代化」，第三階段是從二〇三五年至二〇五〇年之間「實現綜合國力和國際影響力領先全世界的『社會主義現代化強國』」。

二〇一八年六月二十二日至二十三日的兩天，習近平在北京召開的「中央外事工作會議」[5]上發表談話，更提出了「指導全球治理體系改革」、「中國在全世界的影響力日益增大」、「為建構新的國際秩序，須發展由中國所主導的巨大經濟圈構想『一帶一路』及『亞洲基礎設施投資銀行（AIIB）』」[6]等主張。以上這些論述，皆象徵著「中國將建立對抗美國的世界新秩序」。

中國夢的概念背後，其實存在著「百年屈辱」的歷史因素。中國從英國發動鴉片戰爭（一八四〇年）起，到中華人民共和國誕生（一九四九年）為止，這大約一百年間可說是受盡了屈辱。習近平在當上國家主席（二〇一三年）的瞬間，心裡一定想著「該是為過去的百年屈辱，向全世界報仇雪恨的時候了」。他過早結束了鄧小平所主張的「韜光養晦」時期。所謂的「韜光養晦」，意思是「隱藏才能，暗中累積實力」，習近平放棄了這個做法，以極高壓的姿態推動「趕美超美」政策。在習近平的領導之下，中國開始追求成為世界第一大國，

5 原註：討論外交政策的重要會議。過去共舉行過兩次，分別是在二〇〇六年及二〇一四年。
6 原註：Asian Infrastructure Investment Bank。

掌握世界霸權，而且使用的是竊取自美國及其他國家的智慧財產這種不正當的手段。這樣的做法惹怒了美國的川普總統，因而爆發了美中貿易戰與美中新冷戰。中國實在應該延長「韜光養晦」的時間，靜靜地等待「天時」才對。

中國以成為科技大國為目標

中國如今在超級電腦、量子技術（通訊、加密、電腦等）、汽車生產數量、手機生產數量等領域，已經實現了世界第一。習近平曾公開宣布要讓中國「成為科技大國」，如今中國的科技確實已經相當逼近世界第一的美國。

隨著全世界科技的進步，武器及戰爭方式的高科技化可說是必然的軍事趨勢。解放軍在這個領域上的進步確實相當驚人。

現代戰爭所不可或缺的網路戰、電子戰、太空戰、ＡＩ人工智慧及無人機的軍事運用等各種領域，解放軍都有了長足的進步。中國在追求成為科技大國的同時，也因此而得以成為一個軍事大國。

●中國的目標是「讓ＡＩ技術在二〇三〇年之前領先全世界」

在ＡＩ（人工智慧）的領域，目前是以美國在全世界居於領導地位，但是中國決定要趕上美國，甚至是超越美國。

中國共產黨高層將ＡＩ視為最優先發展的技術，在二〇一七年七月發表了「新一代人工智能發展規劃」，並且設定了「中國的ＡＩ技術將於二〇三〇年之前領先全世界」這個極具野心的目標。中國在ＡＩ尖端領域的研究上投入了相當可觀的預算，其ＡＩ投資金額已凌駕美國，成為世界第一。

如今的中國確實已算是ＡＩ先進國，關於ＡＩ的論文數量已超越美國，成為世界第一。ＡＩ的專利申請數量則是排名第二，僅次於美國。不管是數量還是質量方面，中國追趕美國的速度可說是相當驚人。

中國不僅投入大量的ＡＩ研究預算，而且中國國內有著相當龐大的大數據，再加上中國擁有網羅優秀人才並加以教育的能力，所以才能夠在短時間之內快速趕上美國，在ＡＩ領域成為美國最強大的對手。

圖 1-2　主要國家的研究開發經費總額

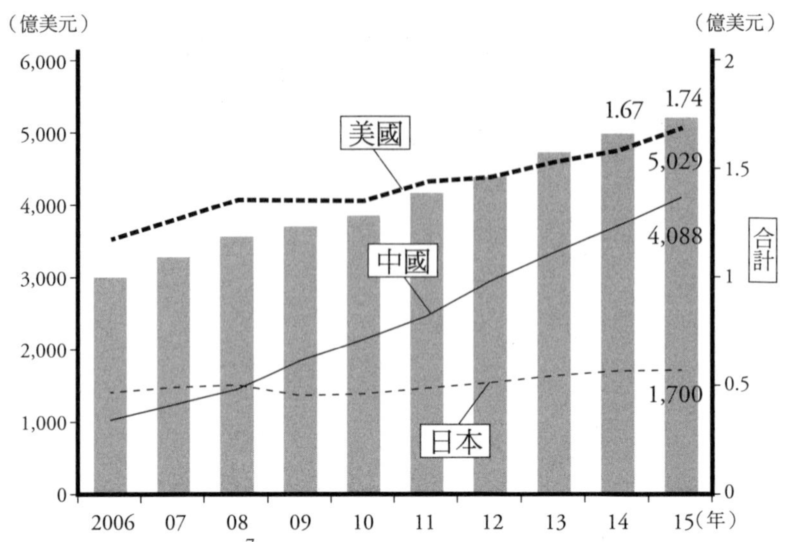

出處：日本經濟產業省[7]

●科技論文為美中二強之爭

根據日本文部科學省（註三）科學技術振興機構的調查，在科技論文的引用次數上，電腦科學及化學等四個領域是由中國居世界之冠，主要的八個領域則是中國與美國不分上下。由此可知如今的時代已經從「美國獨大」轉變為「美中二強」。中國之所以能夠大幅成長，除了大幅增加科技研究預算之外，網羅僑居海外的中國籍研究人才，以及年輕人才的教育政策都是成功的原因。

相較之下，日本的科技論文則一直沒有起色。

中國的成長，仰賴的是龐大的資金，以及對人才的投資。二〇〇〇年的時候，中國的研究開發經費（官方和民間合計）只有四百五十億美元。但是從圖1-2可以看得出來，到了二〇一五年時大幅增加至四千零八十八億美元，為日本（一千七百億美元）的二・四倍，直逼美國的五千零二十九億美元。

除此之外，中國還積極將在先進國家求學的中國籍研究人才延攬回國，並且透過留學及派遣制度，與海外的研究人才建立深厚的人脈關係。雖然短時間之內中國可能還無法超越美國，但兩國的差距應該會越來越小。

●追求成為科技大國的中國也有弱點

歷經了川普所發動的美中貿易戰之後，我們可以清楚地看見中國的弱點。中國所製造的智慧型手機及半導體晶片等高科技產品，使用的都是美國及其他國家的先進技術，只要各國拒絕繼續提供這些技術，中國就無法再生產這些產品。

7 原註：www.meti.go.jp/policy/economy/gijutsu_kakushin/tech_research/aohon/a17_2_1.pdf

尤其在半導體製造的領域裡，中國的半導體企業皆因為無廠化（fabless）[8]的關係，製造上只能仰賴台灣的台積電（TSMC）及聯華電子（UMC）。其中台積電是世界最大的半導體製造企業，華為與台積電之間的業界合作關係可說是相當有名。

因此，奪取台灣的尖端技術也是中國想要統一台灣的誘因之一。

●當務之急是防杜尖端技術繼續遭中國竊取

中國為了實現「科技強國」、「二〇三〇年之前成為AI強國」、「中國製造二〇二五」等目標，絕對是無所不用其極。中國會動員整個國家的力量，竊取包含美國在內的所有國家的尖端技術。其手段除了網路間諜活動（駭客）之外，還有人因情報（HUMINT）、收購擁有尖端技術的外國企業、強迫進駐中國的外國企業提供尖端技術情報等等。

美國正是感受到了這種技術情報遭不法竊取的危險性，所以使用各種手段來防杜。例如美國的司法部實施了「中國行動計畫」（China Initiative），防止中國商業間諜將竊取得來的尖端技術帶回中國。除此之外，還實施了一些禁止中國企業收購美國高科技企業的措施。在發動美中貿易戰之後，美國還禁止一些高科技產品輸出至中國。

除此之外，如何對付那些被戲稱為「海歸」的中國人，對美國來說也是一大課題。所謂的「海歸」，指的是曾經到美國留學，畢業後進入GAFA（Google、Apple、Facebook、Amazon）之類的著名民間企業工作，掌握了尖端技術之後回到中國本土並活用其技術的中國人。美國目前正在研擬如何杜絕這種現象（例如對中國留學生設下某些限制）。

對習近平來說，統一台灣是優先性相當高的目標

對於想要實現「中華民族的偉大復興」的習近平而言，台灣問題是一個無論如何都必須解決的重大議題。中國當局對台灣的干涉程度，與中國本土的經濟成長狀況成正比。中國本土的經濟實力越強大，統一台灣的企圖心就會跟著增強。

目前中國當局還在摸索著統一台灣的最佳方式，不排除最後可能會「以武力佔領台灣」。然而「和平統一台灣」還是最理想的方式，因此習近平的台灣戰略包含了各領域（經濟、政治、軍事、文化、社會、司法）的具體滲透行動。

8 原註：指企業投入所有資源於自己的核心領域，所以沒有屬於本身的工廠。

目前中國當局對台灣積極採取的是「糖衣與鞭子」的政策。為了吸引台灣人或台灣企業進入中國本土，中國實施了許多「糖衣」的經濟政策，不僅容許台灣人從本土的廣大市場中獲利，而且提高台灣人的薪資，讓台灣人在中國本土擁有和中國人一樣的權利。然而一旦「糖衣」政策失敗，最後中國還是有可能以武力佔領台灣。

4 中國的國家安全戰略

以下探討追求成為世界第一大國的中國所採取的國家安全戰略。

中國的戰略目標

依據美國國防部所公布的《中國軍力報告》（二〇一七年版）（註四），中國共產黨的戰略目標包含以下六項。其中最值得注意的是「最終再度掌握地區霸權」這個目標。

・永續維持中國共產黨的統治。

・維持國內安定。
・維持經濟成長與發展。
・捍衛國家尊嚴及領土統一。
・確保中國的大國地位，最終再度掌握地區霸權。
・守護中國在海外的權益。

為了達成以上的戰略目標，中國在二〇一五年頒布了《國家安全法》。這套法律以追求中國國內政治、經濟安定及對外的國家安全保障為目的，涵蓋的範圍相當廣泛。

軍事戰略

要理解中國的軍事戰略，有幾部文獻資料不可不讀。包含中國軍事科學院軍事戰略研究部所出版的《戰略學》、中國國防部所發表的《國防白皮書》（尤其是以軍事戰略為重點的《二〇一五年版國防白皮書》），以及美國國防部的報告書《中國軍力報告》。

尤其是《戰略學》這本書，是由軍事科學院（人民解放軍的最高學術機關）所出版，可說是評論中國戰略時不可或缺的文獻資料。

以下針對上述三種文獻資料內都曾出現過的關鍵字進行說明。

●積極防禦（active defense）

「積極防禦」是長久以來中國的軍事戰略中經常出現的關鍵字。這是從毛澤東時代就流傳下來的戰略，多搭配「積極防禦戰略是中國共產黨的基本軍事戰略，在戰略上堅持防禦、自衛及後發制人[9]」這樣的說法。

積極防禦的概念簡單來說包含四個原則，但這四個原則看起來只是中國方面的政治文宣。

（一）中國不會先發動攻擊。

（二）當發生戰爭時，中國會盡可能以軍事或政治手段結束戰爭。

（三）中國在面對敵方攻勢時，會積極進攻，擊潰敵方部隊。

（四）中國不會率先使用核武，或以核武威脅對手。

中國雖然在戰略上強調這四個原則，但是中國很清楚在現代戰爭之中，先發動攻勢的一方擁有絕對的優勢。不管是太空戰還是網路戰，先發制人都是不可避免的戰術手法。因此除了上述的戰略原則之外，中國也強調「在作戰及戰鬥上，重視積極進攻及先機制敵[10]」。

換句話說，在戰略層級上，中國喜歡唱高調，主張傳統的「積極防禦」、「後發制人」，但是在作戰及戰鬥層級上，為了在現代戰爭中獲得勝利，中國坦白說出了其真正的心態「積極進攻」及「先機制敵」。

只要回顧歷史，就可以知道中國的「後發制人」只是在唱高調而已。不管是韓戰還是與印度、蘇聯、越南的國境紛爭，中國都是先發動攻擊的一方。

●在資訊化的前提下贏得局部戰爭

解放軍認為現代戰爭的特色是資訊戰、數位戰及網路戰，而且喜歡深入研究美軍，並

9 原註：指遭到敵人攻擊之後才反擊，並且擊敗敵人。

10 原註：指比敵人更早活用機會，並且制伏敵人。

且徹底模仿其長處。尤其是美軍靠著靈活運用資訊通訊技術（網路、衛星通訊、電腦、智慧型手機等通訊技術）所實現的「軍事事務變革（RMA）[11]」，受到解放軍極高的評價，因此也成為模仿的對象。所謂的RMA，指的是美軍善加活用資訊通訊技術，在指揮、管制、通訊、資訊、火力打擊、後勤[12]等各軍事領域上引發的變革。尤其是資訊領域上的變革被稱作「資訊RMA」，能夠運用最新的ICT（資訊及通訊技術）迅速發現目標，並且將資訊以幾乎即時的速度提供給遠方的友軍部隊，讓友軍部隊能夠利用此資訊完美且迅速地發揮其火力。美軍的資訊RMA的威力，在第一次波斯灣戰爭（即伊拉克的海珊〔Saddam Hussein〕下令攻打科威特所引發的戰爭）中發揮得淋漓盡致。

解放軍深入研究美軍在第一次波斯灣戰爭中的戰術，發現其本質是資訊RMA，因此將現代戰爭的特徵定義為「信息（資訊）化」。解放軍所稱的「信息化」，指的是從「信息（資訊）的功用」的觀點來檢視戰爭過程中每個環節特色。

一九九三年，中國的軍事鬥爭準備[13]的基本原則是「打贏局部戰爭」，但是到了二〇〇四年的時候，修正為「打贏信息化的局部戰爭」。中國所稱的「局部」，包含了邊境、海上及空中，所以日本的尖閣群島及南西群島也很有可能成為局部戰爭的舞台。

作戰準則

●一體化聯合作戰（Integrated Joint Operations）

解放軍明白結合各軍種（陸、海、空、火箭）進行聯合作戰的重要性。他們很清楚如果沒有辦法做到聯合作戰，將沒有辦法戰勝在技術上居於優勢的他國軍隊（尤其是美軍）。

初期的時候，解放軍只是嘗試模仿美軍的聯合作戰，但如今的解放軍已經結合了中國的特色，並且改稱為「一體化聯合作戰」。這是因為在歷經了多次聯合作戰的訓練之後，解放軍體認到單純只是聯合多軍種的聯合作戰是不切實際的。因此除了包含多軍種的聯合作戰之外，他們還加上了資訊、後勤支援及非軍事戰力（警察、國民等）的靈活運用，稱之為「一體化聯合作戰」。

---

11 原註：Revolution in Military Affairs。

12 原註：後勤的意思是物資調度、補給、維修、人員及物資的運送，以及醫護方面等等對作戰部隊進行支援的業務。

13 原註：中國所稱的軍事鬥爭準備，指的是為了將來可能發生的戰鬥而預作準備，處在隨時可以行動的狀態。中國在軍事鬥爭準備上特別強調活用ＩＣＴ（資訊及通訊技術）的指揮管制系統及資訊系統的重要性。

●短期限定作戰

現階段解放軍並不打算與戰力上佔優勢的美軍爆發全面戰爭。但解放軍認為若是在短時間之內執行限定區域內的作戰，就能夠在美軍展開全面作戰行動前獲得勝利，為戰鬥畫下句點。

解放軍的作戰基本原則，是除了陸海空軍的一般戰力外，還善加運用彈道飛彈、衛星殺手、網路及電子戰能力、特戰部隊及武裝民兵等等，在所有的作戰領域裡針對美軍的弱點進行攻擊。在解放軍的認定之中，美軍的弱點包含了作為軍隊部署基礎的前沿基地、航空母艦、作為美軍作戰及戰鬥基礎的C4ISR（Command、Control、Communications、Computers、Intelligence、Surveillance、Reconnaissance，即指揮、管制、通信、資訊、情報、監視和偵察）機能及後勤能力。解放軍的目標在於封殺這些環節，使美軍無法發揮戰力，讓美軍主動放棄干預解放軍所執行的作戰。

●資訊戰（Information Warfare）

資訊戰顧名思義，就是運用了資訊的戰鬥。在局部戰鬥中，資訊戰是相當重要的原則。解放軍相信在未來的戰爭中，資訊戰必定是核心要素。資訊戰中最重要的是資訊的優越性（除了資訊的質與量之外，獲得及分析資訊的速度也必須超越敵人），必須比敵人更快獲得資訊，對情報迅速進行處理及分析，並且將分析好的資訊迅速傳達給相關部隊。解放軍認為想要在未來的戰爭中獲勝，能否妥善執行上述的資訊循環，在資訊戰上戰勝敵人，是相當重要的關鍵。值得一提的是解放軍對資訊戰的定義相當廣，舉凡特務活動、間諜活動、偵察、監視、網路戰（網路空間上的戰鬥）、電子戰（利用電磁波[14]阻撓敵方通訊或發揮其他功用的戰鬥）等等，只要是與資訊有關的一切作戰，都能稱作資訊戰。

解放軍非常重視能否在作戰初期掌控（電子戰所需要用到的）電磁波頻譜[15]，將此作戰稱為「網電一體戰」。在此「網電一體戰」之中，解放軍會藉由網路戰、電子戰及火力打擊

14 原註：因空間中的電場及磁場而產生的波，例如光、電波等。

15 原註：電磁波頻譜指的是從超低頻（長波長）到紅外線、可視光，再到超高頻的短波伽馬射線（短波長）的一切電磁波頻寬。在軍事上，作戰會使用到所有的電磁波頻寬，因此是不可或缺的作戰領域。

圖 1-3　六大作戰領域

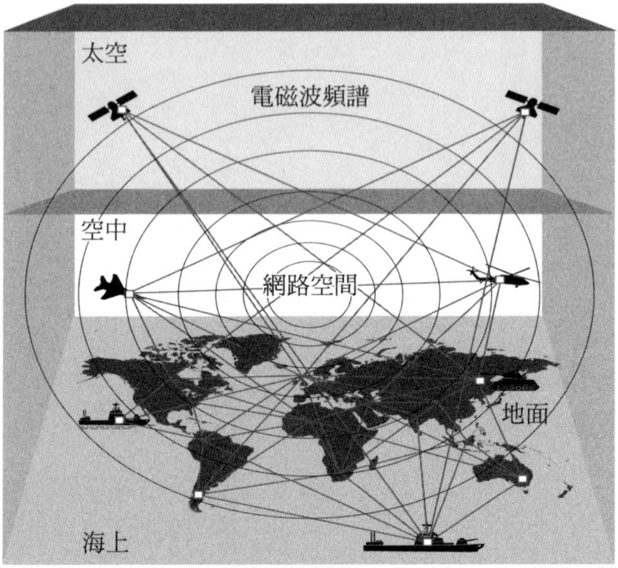

出處：美國陸軍準則 FM3-38 Cyber Electromagnetic Activities

等方式，破壞敵方的資訊系統。

解放軍特別強調對電磁波頻譜的掌控，是很合情理的。請看圖 1-3「六大作戰領域」。美軍在過去上只把作戰領域分為五大類，也就是陸、海、空、太空及網路空間，但如今特別強調必須掌控電子戰所使用的電磁波頻譜，因此又加入了電磁波領域作為第六類作戰領域。中國對美軍進行過徹底的研究，因此明白電磁波領域能夠協助其他領域的作戰，是一種會對整體作戰造成影響的重要領域。

●網路戰（Cyber Warfare）

習近平認為從國家安全的角度來看，網路空間是非常重要的作戰領域，因此曾宣布「中國將以成為網路強國為目標」。網路戰是中國的戰略核心要素，同時也逐漸成為「網電一體戰」及「資訊化局部作戰」的重要要素。

・結合整個國家之力的網路戰

中國在網路戰中投入了「整個國家」的力量。包含解放軍、軍方以外的政府機關（情資機關、治安機關等）、企業乃至於民間的駭客，全部都是網路戰的一分子。而解放軍則負責對整體網路戰進行統籌指揮。根據中國軍事科學院的《戰略學》（二〇一三年版）中的說明，解放軍擁有特別軍事網路戰鬥部隊，負責進行網路戰的攻擊及防禦。除此之外，國家安全部（隸屬於國務院的情報機關）及公安部（人民警察、人民武裝警察）雖然是受解放軍賦予網路戰權限的政府機關，但要實施網路戰，還是必須獲得軍方的同意。

此外也有一些非官方的民間組織志願參與網路戰。在必要的時候，解放軍會控制這些民間組織的活動，以這些民間組織來進行網路戰。另外當發生戰爭的時候，國家只要一聲令下，不管是一般民眾還是企業，都必須協助國家進行網路戰。

中國網路戰最顯著的特徵，是不單只是防禦而已，還會毫不猶豫地發動攻擊性的網路戰。

中國是以整個國家的力量，來強化對網路空間的管制。中國尚有所謂的防火長城（Great Firewall），就像是網路上的萬里長城一樣，能夠對網路空間進行監視，以及抵禦來自外界的攻擊。此外在網路戰上負責攻擊的系統，則稱為「大砲」。任何人只要試圖進入中國國內的網路，防火長城就會進行識別及篩選，當防火長城認定這個人帶有惡意，就會禁止其連結中國的網路。此外還會使用「大砲」系統，對帶有惡意的侵入者進行自動報復。中國是以整個國家的力量，建構起了這些系統[16]。

●非對稱作戰

弱者如果對強者採取正面攻擊法（使用相同的武器，例如以戰鬥機對戰鬥機、以戰車對戰車，這稱為「對稱作戰」），是不會有贏面的。弱者想要獲勝，一定要採取非對稱作戰，也就是不使用與對方相同且是對方強項的武器或戰鬥方式與對方交戰。解放軍如果與美軍正面對決，絕對不可能會贏，因此一定會攻擊美軍最脆弱的部分。像這樣挑選弱點下手，或是選擇即使面對強者也不會輸的武器或戰鬥方式，就稱為非對稱作戰。

舉個具體的例子，解放軍可能會以其擅長的太空戰破壞美國的衛星，使美軍的作戰中樞機能（C4ISR）無法發揮作用，進而贏得戰爭的勝利。此外，以海上民兵之類的非正規組織來對抗對手的正規軍，也是典型的非對稱作戰。

●三戰

所謂的三戰，指的是中共中央軍事委員會在二〇〇三年正式採納的《中國人民解放軍政治工作條例》中所列舉的輿論戰、心理戰及法律戰。

輿論戰是營造內外輿論的作戰，目的在於鼓舞己方的戰鬥士氣，或是降低敵方的戰鬥意志。

心理戰的目的是破壞敵人的抵抗意志。作戰的具體手段包含宣傳、恫嚇、欺騙（為了隱

16 原註：University of Toronto The Citizen Lab, *China's Great Cannon*, https://citizenlab.ca/2015/04/chinas-great-cannon/

瞞己方的意圖或能力，有計畫地給予敵人錯誤資訊的作戰）、離間（讓同伴之間發生爭執）及心理防護（保護自己的心理狀態）。

法律戰的目的，則是確保己方動用武力、採取作戰行動的合法性，揭發敵人的違法性，藉此阻止第三國的干涉，形成己方主動、敵方被動的作戰。

●三條島鏈

根據中國的解釋，第一島鏈是由堪察加半島、千島群島、日本群島、南西群島、台灣、菲律賓、大巽他群島所形成的島鏈。第二島鏈是堪察加半島、千島群島、日本群島的一部分、伊豆群島、小笠原群島、關島及塞班島，一直延伸到巴布亞新幾內亞。而第三島鏈則是連結阿留申群島（Aleutian Islands）、夏威夷群島、玻里尼西亞（Polynesia）、紐西蘭的島鏈，其核心為夏威夷群島。

解放軍海軍視第一島鏈的內側區域為「近海」，在一九八二年制訂了「近海防禦戰略」。第一島鏈的外側區域則是「遠海」，其防禦稱為「遠海防禦」。有中國現代海軍之父稱號的劉華清，在一九八五年主導對近海防禦戰略進行重新檢視，採用了在距離中國本土更遠處迎

圖 1-4　第一島鏈至第三島鏈

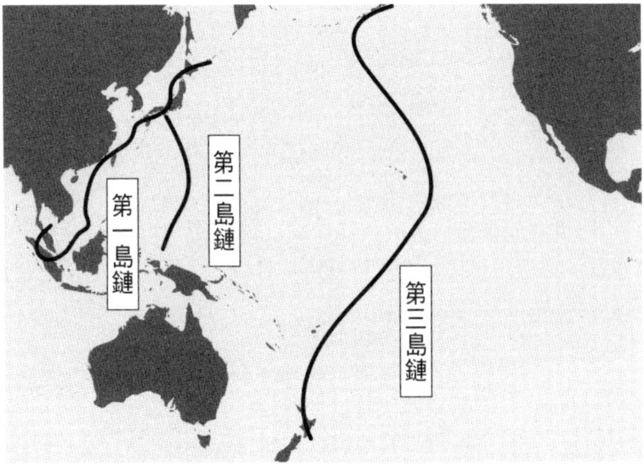

出處：作者製表

戰敵人的「積極防禦戰略」。

日本跟台灣都屬於構成第一島鏈的重要國家，當發生戰爭時，解放軍如果要進入太平洋，這兩個國家會形成相當大的阻礙。近來解放軍的轟炸機、戰鬥機、包含航空母艦在內的艦艇常常會越過第一島鏈進行活動，這是以解放軍已經完全掌控第一島鏈為前提條件的行動。解放軍如果佔領台灣，以台灣（的機場或港口）作為根據地發動作戰，將會對日本的南西群島等地區造成相當大的威脅。

反介入／區域拒止戰略

反介入／區域拒止戰略，是解放軍經過徹底評估如何才能戰勝強大的美軍之後，最後設

圖 1-5　中國的多層式 A2／AD 能力

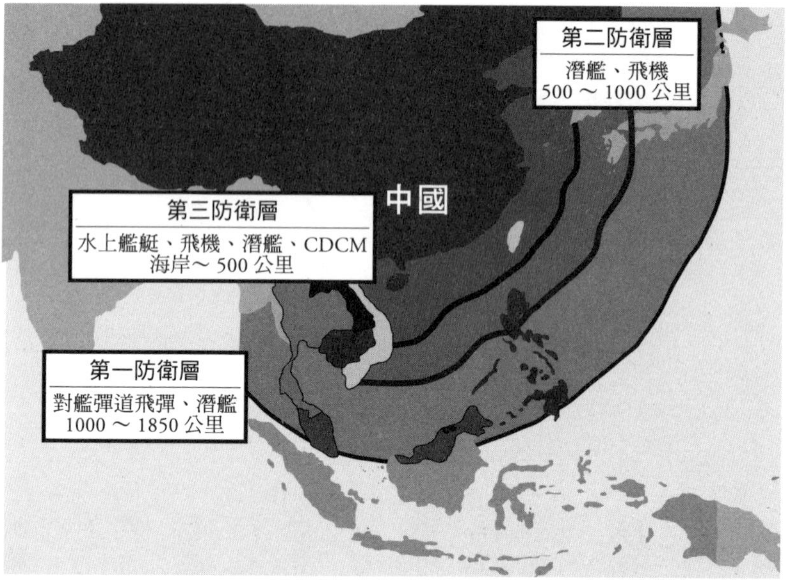

出處：美國海軍情報局（ONI）

計出的戰略。

反介入（A2）的目的，是「妨礙美軍在東海及南海上的緊急部署，讓美國海軍的艦艇無法進入第二島鏈以內的區域」。

區域拒止（AD）的目的，則是在已經讓美軍進入第二島鏈內的情況下，「阻撓美軍運用作戰區域」，例如讓美軍無法使用南西群島遂行作戰。

圖1-5是美國海軍所認知的中國A2／AD的三層防衛結構。第一防衛層（最外側）使用反艦彈道飛彈及潛艦，距離為一〇〇〇至

一八五〇公里。第二防衛層使用潛艦及飛機，距離為五〇〇至一〇〇〇公里。第三防衛層（最內側）使用水上艦艇、潛艦、岸置巡航飛彈系統（CDCM），距離為海岸至五〇〇公里。反介入／區域拒止能力的骨幹為中、長程飛彈。

中國的軍事侵略

筆者所擔心的是中國在追求成為世界第一強國的過程中，可能會刻意挑選一些強弱適中的對手，發動「短期限定作戰」。二〇一八年一月三日，習近平視察中部戰區時對士兵們發表談話，曾說出「發揚一不怕苦、二不怕死的戰鬥精神，刻苦訓練、科學訓練，勇於戰勝困難，勇於超越對手，鍛造召之即來、來之能戰、戰之必勝的精兵勁旅」這種顯得偏激的言論。這樣的演講內容，很可能意味著習近平有發動短期限定作戰的意圖。

●中國可能發動短期限定作戰的地區

據推測今後有可能成為「短期限定作戰」的地區，包含了台灣、中印邊界、朝鮮半島、南海及東海，而其中最受中國重視的是台灣。解放軍的演習所設定的衝突劇本，有八〇％與台灣有關。甚至一度有謠言指出「習近平打算在中國共產黨建黨一百週年的二〇二一年之前佔領台灣」。

第二個有可能發生衝突的地區是中國與印度的邊界一帶（例如洞朗高原）。二〇一七年，兩國軍隊曾經在這裡發生對峙事件（註五）。

此外也有衝突劇本是設定在朝鮮半島。如果北韓的金正恩強行推動核彈的研發，對美國造成威脅，美軍可能對北韓發動攻擊，此時美軍與解放軍就有可能爆發衝突。

除此之外，「短期限定作戰」也有可能發生在南海。

當然日本的尖閣群島及南西群島也有可能成為衝突地區，目前日本自衛隊正在推動南西群島的防衛計畫，這可說是刻不容緩的事情。

譯注——

註一：孟晚舟於二〇一九年九月二十四日，加拿大法院宣布結束引渡程序，下令解除她的保釋條件並釋放。

註二：該年的國防白皮書，以專題的方式發表，全稱《中國的軍事戰略》。

註三：負責日本的教育、科學、學術、文化與體育事務的中央部會。

註四：全稱 Annual Report to Congress: Military and Security Developments Involving the People's Republic of China 2017。

註五：中印自二〇二〇年五月開始，也在邊境發生一系列的衝突事件。

第二章

美國的國家安全戰略

本章將介紹的是美國的戰略及戰術，這是理解美中競爭的本質所不可或缺的環節。首先介紹的是由美國總統所發布的《國家安全戰略報告》（National Security Strategy, NSS），以及國防部長在《國家安全戰略報告》發布之後跟著發表的《國防戰略報告》（National Defense Strategy, NDS）。其次將介紹的是「空海整體戰」（Air Sea Battle, ASB），這是美國為了對抗中國的「反介入／區域拒止戰略」（A2／AD）而構思出的作戰構想，以美國的海軍及空軍為核心戰力。最後將介紹美國的智庫「戰略和預算評估中心」（CSBA）所發表的「海上壓力戰略」（Maritime Pressure Strategy）（註一）。「海上壓力戰略」與「空海整體戰」及日本自衛隊的南西群島防衛計畫有著密不可分的關係，是構思日本國家安全所不能忽略的重要戰略。

1 國家安全戰略報告

二〇一七年十二月十八日，川普總統發布了上任以來的第一份《國家安全戰略報告》。如果要用一句話來形容這份報告，我們可以說這是一份非常符合川普風格的「美國優先」的NSS。

這份報告的最大特徵，在於其內容重視的不是從二〇〇一年的「九一一事件」之後就持續進行的反恐戰爭，而是以中國、俄羅斯為對手的「大國間的競爭」。這種威脅感來源的轉換，與美中競爭有著最直接的關係。

以下針對該份報告的主要內容進行說明。

美國優先

《國家安全戰略報告》重視的是美國的國家利益，其內容談的是如何站在美國優先的立場，與其他國家（尤其是中國及俄羅斯）競爭。

美國人眼裡生死交關的重大國家利益包含四項，分別為（一）保護美國國土、國民及美國的生活型態；（二）增進美國的繁榮；（三）堅持「以武力維持和平」；（四）擴大美國的影響力。

值得一提的是「以武力維持和平」是川普在二〇一六年競選總統期間所喊出的口號，在這次的報告中再次受到強調，其重點在於：（一）透過競爭讓美國在全球性的勢力差距上具有決定性的優勢；（二）強化美國的競爭力（包含在太空及網路空間的競爭力），恢復過去遭到漠視的核武嚇阻力。

大國互相競爭的時代

關於現在的國際局勢，報告中指出：「如今我們生活在一個競爭的世界裡，全球性的實力差距正朝著對美國國家利益不利的方向發展」，並提出了如何改變潮流，恢復美國力量強大的方案。

特別是關於中國及俄羅斯，報告之中有不少嚴厲的批判，例如「過去二十年來，我們對中國及俄羅斯採取交往政策[1]，將中國及俄羅斯帶進國際組織及全球性的經濟秩序之中，期待中、俄能夠成為值得信賴的夥伴，但最後失敗了」，「中國及俄羅斯正在挑釁美國的力量、影響力及國家利益，侵蝕美國的安全及繁榮」，「中國及俄羅斯皆是修正型強權（revisionist power）[2]，企圖創造一個與美國的價值觀及利害關係截然相反的世界」，「中國企圖將美國逐出印太地區，擴大由國家主導的經濟模式的影響圈，讓該地區朝著對中國有利的方向發展」等等。

尤其是對中國的嚴厲批判，正是帶來美中貿易戰及美中競爭的背景因素。

美國與同盟國及友好國家的合作關係

對於與中、俄等大國的競爭，美國相當重視與同盟國及友好國家的合作，並不會單獨面對。川普本身並不關心與同盟國及友好國家之間的互動，報告的內容應該是受了當時的國防部長吉姆・馬提斯（James N. Mattis）等優秀官員的影響。

報告中還寫著「美國會與盟國及友好國家合作，不讓歐洲、印太地區或中東受敵對國家掌控」，「美國的盟國及友好國家有助於增強美國的國力，且會守護彼此之間的共同利益。我們會持續與全世界往來，也期盼盟國能夠公平地肩負起與美國共同的防衛責任」。

繼任的國防部長馬克・艾斯培（Mark T. Esper）也繼承了「與盟國及友好國家良性互動」這個極為合宜的觀念。

---

1 原註：美國在冷戰之後對中國採取的政策，是典型的交往政策。雖然不認同中國的獨裁體制，但企圖藉由促進經濟交流及邀請中國加入世界貿易組織（ＷＴＯ）等國際組織，讓中國融入國際社會，藉此讓中國由獨裁體制轉變為民主體制。

2 原註：此處的修正型強權，指的是企圖打破美國所建立起的現實秩序的國家。

2 國防戰略報告

二〇一八年的《國防戰略報告》，是在前述的《國家安全戰略報告》發布之後，由當時的國防部長馬提斯所發表，內容可說是相當符合馬提斯的風格（註二）。

國防部的任務

《國防戰略報告》的一開頭，說明了國防部的任務。其內容包含「提供具戰鬥能力，能夠遏止戰爭及保障國家安全，且值得信賴的軍事力量，是國防部長久不變的任務」，「就算沒有辦法遏止戰爭，美軍上下也有把握能夠獲得勝利」、「除了能夠對美國的傳統外交手段發揮補強的作用之外，國防部還能提供軍事方面的選項，讓總統及外交官能夠站在『擁有武力的立場』進行對外交涉」。

馬提斯的這份《國防戰略報告》的最大精華，就是「國防部能夠提供軍事方面的選項，讓總統及外交官能夠站在『擁有武力的立場』進行對外交涉」這句話。在偏激與保守之間，這句話取得了非常良好的平衡。

戰略環境

《國防戰略報告》的特色之一，是對戰略環境作出了非常嚴苛的批判。其內容寫道：「如今我們活在一個必須承認美國的軍事競爭優越性已經衰退的時代，也就是一個『戰略性衰退（strategic atrophy）的時代』」，「奠基於長期性規範的國際秩序已經式微，我們正面臨著一個全球性的無秩序狀態，這個無秩序狀態讓維護國家安全的環境變得比過去的經驗更加複雜且具流動性」，「大國之間的戰略性競爭成了美國國家安全保障的主要隱憂，而不再是恐怖主義」。其中「活在『戰略性衰退的時代』」這句話，正是馬提斯心中最大的擔憂。

對於中國，報告中也提出了一些相當嚴峻的觀點，如，「中國是戰略上的競爭對手。中國靠著軍事的現代化、影響戰（influence operation）[3]及掠奪式經濟威脅鄰近諸國，推動南海的軍事化。不僅如此，中國還為了符合自己的利益，企圖重塑印太地區的秩序」，「中國

3 原註：二〇一六年美國總統大選的時候，俄羅斯為了打擊美國的民主制度，想要讓特定的候選人當選，其採取的戰術就是影響戰的一例。簡言之，影響戰就是運用外交、軍事、經濟、網路戰等各種不同的手法，操控他國輿論，或是企圖對政策造成影響的作戰。

持續在經濟上及軍事上崛起，在全民參與的長期戰略中強調其武力，並推動軍事的現代化計畫。他們企圖在不久的將來掌握印太地區的霸權，驅逐美國，甚至在未來打算掌握全球性的霸權」。

另外，這份《國防戰略報告》也同時針對中國及俄羅斯作出「在國際秩序的內側一方面利用其利益，一方面貶低其諸原則的價值，傷害國際秩序」的批判。

附帶一提，對俄羅斯的批判，「俄羅斯對ＮＡＴＯ（北大西洋公約組織）造成傷害，為了自身利益而企圖改變歐洲及中東的國家安全及經濟的結構，追求對鄰國的政治、經濟、外交及國家安全上的決策加以否決的權力。為了貶低及顛覆喬治亞、克里米亞、東烏克蘭的民主歷程而使用最新的科技，是一件令人深感不安的事情，如果又與核武的擴大及現代化相結合，其威脅是不言而喻的」。

對北韓的描述，則有「北韓及伊朗都是流氓國家，他們研發核武及援助恐怖分子，引發區域的不安定。北韓一心只想要追求政權的延續，靠著強化核子、生物、化學、傳統及非傳統武器，企圖增強其影響力。另外北韓也企圖靠著提升彈道飛彈的性能，對韓國、日本及美國造成威嚇性的影響力」。

美國的強勢之處，在於與同盟國及友好國家之間的互動網絡

美國所建構起的互惠同盟及夥伴關係，都是美國的競爭對手或勁敵所缺乏的，這在美國的戰略上是不可或缺的重要環節。

針對這一點，二〇一八年版的《國防戰略報告》中提到，「美軍的戰鬥向來是在美國本土以外的地區進行，從戰力投射能力[4]的觀點來看，在距離本土相當遙遠的戰場上進行戰鬥，需要一些特別的設施。美國與盟國及友好國家之間的互動關係網，能夠彌補美國在戰略投射能力上的不足」。

在具體的國家方面，則有「在背後支援著美國的前沿部署戰略的是美國的盟友（日本、澳洲、韓國、菲律賓、泰國等）及友好國家。新加坡雖然不是同盟國，卻也是為美軍提供設施的重要國家。除此之外，馬來西亞、印尼、越南、印度等國家也相當重要」，「駐日美軍

4　原註：戰力投射能力指的是為了在海外作戰而集結兵力，將兵力部署在作戰地區（可能是如艦艇和轟炸機般能自力前進，也可能必須透過運輸），並且執行作戰的能力。

基地是美國相當重要的前沿部署基地」。

3 空海整體戰

空海整體戰的概要

雖然美軍是世界上最先進且戰鬥經驗最豐富的軍隊，但是中國人民解放軍在六個作戰領域上都是有資格挑戰美軍的強敵，其實力不容小覷。

探討美中戰爭，必定會提及空海整體戰。空海整體戰是一種以美國海軍及空軍為核心武力的作戰構想，主要是為了對抗中國的「反介入／區域拒止」。

空海整體戰的假設執行年代是二〇三〇年。簡單來說，就是假設迅速崛起的中國到了二〇三〇年，不管是經濟還是軍事方面，都會與美國並駕齊驅，甚至是超越美國。二〇三〇年時的中國，可能已經完全成為一個區域性強國，甚至可能會在亞洲的太平洋地區執行驅逐美軍的計畫。到了那時候，美國與中國可能會爆發全面衝突。

空海整體戰是會對日本造成直接影響的作戰構想。其假設的狀況，是美中之間的大規模戰爭，戰場是涵蓋第一島鏈及第二島鏈的亞洲太平洋地區。日本也在第一島鏈之內，因此駐日美軍基地當然也會成為主要戰場之一。介紹空海整體戰，等同於介紹日本或台灣發生戰爭的情況，日本如何進行防衛（例如集體自衛權的問題是否解決）將是一大關鍵。

空海整體戰的構想首次出現在二〇一〇年。雖然在歐巴馬政府時期並沒有被認定為正式的作戰構想，但如今依然以JAM-GC[5]的名稱在參謀長聯席會議底下的作戰計畫與聯合部隊發展部門（J－7）中持續受到評估討論。JAM-GC的意思直譯就是「全球公域介入與聯合機動概念」。全球公域指的是應該由全人類所共有的領域，例如海洋、天空、太空及網路空間。

空海整體戰與後面所要介紹的「海上壓力戰略」及「外壓內攻防衛」（Inside-Out Defense）皆有著密不可分的關係，因此以下深入介紹。

5 原註：全稱 Joint Concept for Access and Maneuver in the Global Commons。

空海整體戰的兩階段作戰[6]

空海整體戰的特徵之一，就是能夠減少戰爭初期因解放軍的攻擊而造成的損傷，讓戰爭進入對美軍有利的長期戰。要實施空海整體戰作戰，日本及澳洲都必須以同盟國的立場參與行動，而且必須集結海、空兵力（註：不包含陸軍的地面戰力及海軍陸戰隊）。其前提是海、空、太空及網路空間等所有作戰領域都必須維持在絕對優勢的狀態。

作戰分為以下兩個階段。必須在確認了海、空領域的優勢，建立起地面戰鬥的有利局面之後，美軍才會投入地面戰力。

●第一階段作戰為防衛作戰

（一）包含網路空間及太空在內的六大作戰領域，都必須有能力因應解放軍的第一擊。尤其是網路戰、電子戰及太空戰，都必須有「解放軍一定會先下手為強」的覺悟。一方面抵擋解放軍的第一擊，盡量減少部隊及基地的損傷，一方面盡全力奪回所有作戰領域的優勢。

第一階段作戰的最大特徵，就是為了盡可能減少初期遭解放軍攻擊所造成的損傷，美國的海軍及空軍的主力武器（航空母艦及飛機）必須暫時分散撤退至後方。包含日本在內的同盟國，必須在缺乏美國海軍及空軍的主力部隊支援的情況下撐過第一階段。舉例來說，一旦美國的飛機發現解放軍有發動第一擊的徵兆，就必須暫時分散撤退至中國的飛彈攻擊圈外的機場（澳洲、天寧島〔Tinian〕、帛琉、塞班島、日本的機場或自衛隊的基地等）。美國海軍的航空母艦等大型艦艇，也立即疏散、退避至東風21D（DF-21D）等反艦飛彈的射程之外。

在第一階段的作戰中，最活躍的武器是擁有水中優勢的美國及同盟國軍的潛艦。這些潛艦的任務是摧毀部署在目標海域（尤其是第一島鏈內的東海及南海）的中國海軍潛艦及水面艦艇。此外，美國海軍及同盟國軍的神盾艦則預計將負責與地面的防空部隊一同守衛前沿基地不受敵人的飛彈攻擊。

為了能夠承受住解放軍的大規模第一擊，除了必須建構起能夠察覺解放軍飛彈攻擊徵兆

6 原註：本節內容主要參考ＣＳＢＡ的"AirSea Battle: APoint-of-Departure Operational Concept"，此外亦參考Jeffrey E. Kline and Wayne P. Hughes"Between Peace and the Air-sea Battle"等文獻資料。

的防衛系統，還必須提升關島及日本的C4ISR（指揮、管制、通信、資訊、情報、監視和偵察）系統及主要基地的生存能力（遭敵人攻擊時能夠減少損傷而不全滅，依然能維持機能的能力），並且盡可能分散武器及基地設施。

（二）實施致盲作戰[7]（破壞或混亂敵方的C4ISR聯網）。攻擊及破壞最重要的關鍵目標，在空海整體戰作戰中可說是極為重要。因此第一階段作戰的重心，在於攻擊敵方的C4ISR聯網（盲目化），取得C4ISR上的優勢。作戰必須在包含太空、網路空間及水下的所有作戰領域進行，藉由對地面設施的精準轟炸，以及網路戰、電子戰、水中通訊網的破壞等等，摧毀敵方的太空監控系統、衛星破壞系統、超視距雷達[8]及資訊通訊網路，並且壓制解放軍的遠距離情報偵察攻擊系統。為了讓包含航空母艦在內的海軍重要武器能夠自由行動而不受敵方飛彈威脅，空軍必須使敵方的太空衛星海上監視系統致盲，並且使用遠距離打擊兵器（轟炸機或彈道飛彈）破壞敵方的資訊通訊中樞及攻擊系統。此外，還必須利用距外武器[9]或長距離精準轟炸，破壞敵方的地面遠距離水上監視系統（超視距雷達等）及彈道飛彈的發射載台。為了讓空軍能夠順利攻擊敵方的防空系統，海軍的潛艦及航空母艦的艦載機（假設是續航距離較長的匿蹤戰機）必須負責偵察及支援攻擊。

以上的致盲作戰成功之後，才能夠進入第二階段。只要致盲作戰成功，代表著解放軍的反介入／區域拒止能力已大致喪失。只要能夠讓反介入／區域拒止能力大致喪失，就可以在安全且確實的狀態下實施第二階段的攻擊作戰。

（三）從作戰的開始到結束，必須盡可能維持對空、海、太空及網路空間的壓制及掌控。各領域的各種作戰都必須持續進行，尤其是同盟國的日本在第一島鏈上的作戰（特別是在南西群島的作戰）格外重要。此時負責陸地場域的美軍地面部隊較沒有什麼表現的機會。

●第二階段作戰為攻擊作戰

（一）當致盲作戰成功之後，原本撤退到後方的航空母艦及空軍的飛機就可以加入攻擊

7 原註：Blinding Campaign。
8 原註：超視距雷達（over-the-horizon radar）是能夠觀測水平線另一端的遠距離雷達。
9 原註：stand-off weapon，能夠從對方無法攻擊的遠方遠距發動攻擊的武器，例如飛彈。

行動。不僅要奪回每個作戰領域的主導權（制海權、制空權、網路空間的優勢、太空的優勢等等），而且要持續維持到最後一刻。同時使用距外型及突破型武器（例如F－35匿蹤戰機），持續破壞敵方的彈道飛彈，及壓制遠距離情報偵察機及攻擊系統。飛機的水面打擊戰及第一島鏈上的反潛戰也要持續進行。

從儘早終結戰爭的觀點來看，「必須破壞的目標」第一是解放軍海軍，第二則是空軍。換句話說，必須摧毀解放軍海軍的主要艦艇，以及解放軍空軍的飛機。

至於中國本土內的攻擊目標，則是C4ISR的弱點（指揮管制系統的弱點，以及移動困難的超視距雷達等），以及機場、港口。

在對中國本土進行縱深攻擊（深入內陸的攻擊）時，必須考量到不能讓衝突越演越烈。

（二）實施「遠距離封鎖作戰」（同時實施經濟封鎖）。

接下來美軍的同盟國將實施遠距離封鎖。不過作法並不是派潛艦將中國的船艦擊沉，而是實施海上封鎖作戰[10]。此時的重點海域是南海、印度洋、西太平洋上的咽喉點[11]。

對空海整體戰的批評

空海整體戰作戰構想一公布，便受到不少來自各方的批評。例如有人說該作戰構想不排除對中國本土發動縱深攻擊，這很可能導致衝突越演越烈，最後演變成核子戰爭。又有人說空海整體戰所使用的核心武器（如F－35、長程轟炸機、無人機系統等）光是要維護就必須耗費龐大的軍事費用，實在是太花錢了。還有人說空海整體戰的主要目的只是讓美國的海軍及空軍獲得更多預算，地面戰力完全沒有發揮的空間，以聯合作戰來說視野實在太過狹隘。

智庫CSBA對空海整體戰的改善方案

筆者曾在二〇一五年三月拜訪CSBA（戰略和預算評估中心），就空海整體戰與日本防衛的議題進行討論。其後筆者也持續跟CSBA的研究人員交換意見。透過這些交流，

10 原註：Maritime Interdiction Operation（MIO），以實施海上攔檢與臨檢為目的的海上行動。

11 原註：適合用來進行封鎖，使對方無法自由航行的重要水路，例如重要航線的狹窄處。

筆者得知了在空海整體戰飽受批評之後，CSBA構思出了一套改善方案。以下便針對這套改善方案作說明。

●參考自衛隊的南西群島防衛作戰構想，避免衝突加劇

南西群島是第一島鏈的重鎮之一，CSBA相當清楚其重要性，對自衛隊的南西群島防衛作戰構想也有深入的理解。他們認為能夠運用自衛隊的作戰構想來改善空海整體戰的缺點。從自衛隊的觀點來看，南西群島防衛作戰構想就只是在保護日本而已，但是就美國的觀點來看，這個作戰構想就像是「日本自衛隊對中國解放軍實施的反介入／區域拒止」。只要模仿南西群島防衛作戰構想，讓同盟國在第一島鏈上採取相同的做法，就可以避免空海整體戰備受爭議的「容易引發核子大戰」的問題。

美國所認定的理想作法，是組成第一島鏈的其他國家（台灣、菲律賓、印尼）也採行跟自衛隊的南西群島防衛作戰相同的戰術。只要這些國家共同實施第一島鏈防衛作戰，不僅可以避免衝突加劇，而且還可以將解放軍困在第一島鏈內側。

東海及南海作戰的最大重點，就在於必須以潛艦、水雷及無人水下載具（UUV）確保

水下的優勢。此外，各國領土上的地面部隊，必須妥善運用其高機動性的地對艦飛彈及地對空飛彈，如此一來就能對解放軍形成反介入／區域拒止局勢。

不過各國防衛能力的落差是一大問題。日本雖然有能力實施南西群島防衛作戰，但是其他國家（台灣、菲律賓、印尼等）所不足的戰力就必須靠美國的陸軍及海軍陸戰隊來彌補。

4 蘭德公司的「反艦飛彈咽喉點防衛」

除了由海軍及空軍所主導的空海整體戰之外，還有另一套由陸軍所主導的作戰構想，稱作「反艦飛彈咽喉點防衛」[12]。這套作戰構想是由著名的蘭德公司所構思，於二〇一三年公布。這套作戰構想與日本自衛隊的硫球群島防衛作戰及後面要介紹的美國第一島鏈防衛作戰有著相當密切的關係。

12 編註：原文報告全稱《西太平洋地區使用陸基反艦飛彈》（Employing Land-Based Anti-Ship Missiles in the Western Pacific）。

在第一島鏈建立包圍網

在圖2-1中深灰色的部分就是艦艇航行時的咽喉點。所謂的咽喉點，包含了可以控制海上航行活動的重要地點，以及重要航線的交會地點。典型的咽喉點有馬六甲、巽他（Sunda）、龍目（Lombok）、巴士（Bashi）、沖宮（宮古）等海峽。只要能夠控制住這些咽喉點，解放軍海軍就沒辦法離開東海及南海的範圍。

所謂的「反艦飛彈咽喉點防衛」，就是以陸基反艦飛彈攻擊通過這些咽喉點的敵方艦艇。

圖 2-1　海上交通航線的咽喉點

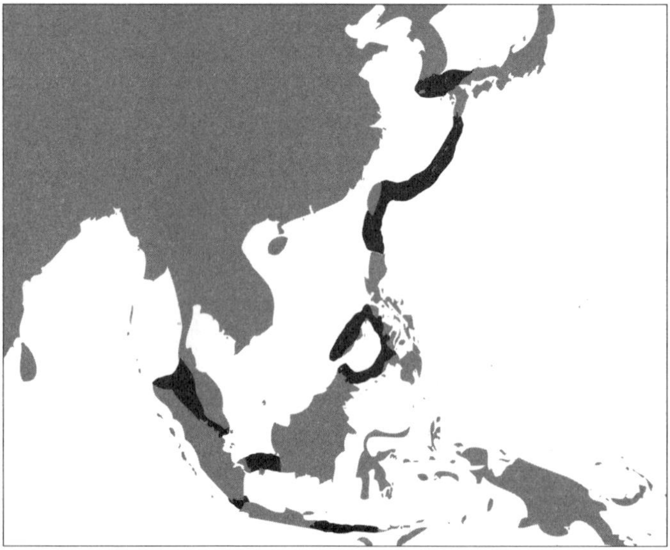

出處：RAND

只要藉由部署地面戰力，控制住圖中的深灰色部分，就可以形成對中國的包圍網。最適合實施「反艦飛彈咽喉點防衛」的地點，是日本的南西群島。只要日本的陸上自衛隊在與那國島、石垣島、宮古島、沖繩本島及奄美大島上部署A2／AD部隊（日本陸自的反艦飛彈和地對空飛彈部隊），就可以阻止解放軍的水面艦艇、潛艦及飛機通過這個咽喉點。

這場對解放軍實施A2／AD的作戰，就是以南西群島為核心，並擴大至韓國、台灣、菲律賓、印尼及馬來西亞，就可以將解放軍封鎖於第一島鏈內。

除了日本的陸上自衛隊必須做好在南西群島部署反艦飛彈及地對空飛彈的準備之外，台灣的軍隊也必須做好在台灣周邊部署反艦飛彈的準備。

另一方面，由於巴士海峽以南各國並沒有足夠的軍事實力能夠實施咽喉點防衛作戰，所以美國的陸軍及海軍陸戰隊應該配備反艦飛彈及地對空飛彈進駐各國，協助進行咽喉點防衛作戰。以上就是蘭德公司的提案內容。

剛開始的時候，美國的印太司令部對蘭德公司的這個提案並沒有太大的興趣。但隨著解放軍的威脅日益增大，「反艦飛彈咽喉點防衛」開始受到重視，如今美國已會派遣軍隊前往現地進行實地演習，並將演習的名稱命名為「太平洋棧道」（Pacific Pathways）。

值得注意的是「反艦飛彈咽喉點防衛」是後面要介紹的各種戰略及作戰構想的基礎。

由這個咽喉點防衛作戰也可以看得出來，在對抗中國的威脅上，日本與台灣可說是命運共同體。日本與台灣都是位在第一島鏈重要部位的國家，當發生衝突的時候，兩國可以成為解放軍前往大西洋的最大障礙。近來解放軍的轟炸機、戰鬥機及航空母艦等艦艇經常跨越第一島鏈活動，其舉動在日本和台灣同樣受到關注。

5 印度太平洋戰略（IPS, Indo-Pacific Strategy）

美國國防部在二〇一九年六月一日公布了《印太戰略報告》（以下簡稱ＩＰＳＲ）[13]。這份報告有兩大特點。第一，這份報告是美國配合日本首相安倍晉三的「自由開放的印度太平洋」（Free and Open Indo-Pacific，以下稱ＦＯＩＰ）概念所提出的戰略。第二，這個戰略隱含著對抗中國主導的「一帶一路」（BRI：Belt and Road Initiative）的意圖。

對於中國所提倡的全球性戰略「一帶一路」，日本和美國都抱持著相當大的不安。「一帶一路」結合了陸地的絲路經濟帶及二十一世紀海上絲路，範圍從中國經亞洲及中東到達歐洲，可說是一個極大規模的經濟圈構想。「一帶一路」概念的意圖，在於建立一個由中國所主導的秩序及影響圈，用以對抗美國在第二次世界大戰之後建構起來的世界秩序。這可說是美中競爭中最具象徵性的行動。

《印太戰略報告》與前述的《國家安全戰略報告》、《國防戰略報告》及CSBA的「空海整體戰」皆有著很深厚的關係，以下簡述IPSR的內容。

認識現況

美國為太平洋國家，印太地區是美國國防部的優先戰區，為了維持「自由開放的印太」，美國一定會持續關注這個地區的狀況。

由美國所主導的「自由開放的世界秩序願景」，與中國所主導的「受壓抑的世界秩序願景」之間的國家戰略競爭，是美國國家安全上最重要的課題。

13 原註：The Department of Defense, *Indo-Pacific Strategy Report*。

中國在中國共產黨的領導之下，總是利用現代化的軍事力量、作戰行動的影響及掠奪式的經濟行為來強迫及牽制他國，企圖在這個地區建立起對中國有利的新秩序。

美國則追求的是讓所有國家共同受益的國際秩序，堅決排除威脅此準則的政策和行動。

美國認為中國、俄羅斯及北韓都是有問題的國家。在美國的眼裡，「中國是修正型強權」，「俄羅斯是重新崛起的惡意之國」，「北韓是流氓國家」。

在大國互相競爭的狀態下，為了以武力追求和平，以及為了獲得有效的嚇阻力，美國必須要擁有強大的聯軍，能夠隨時採取行動，在衝突的開始階段就掌握勝機。因此美國國防部會與同盟國及友好國家互相合作，將美軍部署在印太地區（這稱為前沿部署，forward deployment）。

美國必須強化其同盟關係，以及與友好國家的夥伴關係，發展出一套網狀的國家安全保障架構。

作為修正型強權的中國，追求的是世界性的霸權

中國在經濟、政治及軍事上的崛起，是二十一世紀的特徵之一。在印太地區，中國為了

追求更加廣泛的政治、經濟及國家安全上的利益，完全不在乎與其他國家發生摩擦，可說是一個充滿了自信且自我意識極強的國家。

在中國共產黨的領導之下，中國一方面享受著自由開放地區及國際秩序的恩惠，一方面卻又毀損奠基在規範上的秩序價值及原則，可說是一邊參與國際秩序，卻又一邊從內部破壞秩序。

中國發展反介入/區域拒止能力，正是為了阻止各國在原本應該任何國家都可以利用的中國周邊海空領域進行活動。

在東海，中國會刻意派遣海警局的公務船或飛機，在日本進行實質管轄的尖閣群島周邊一帶巡邏。這樣的行為不僅侵犯他國主權，而且會對地區的安定造成傷害。像這樣的活動，便違反了自由開放的印太原則。

二〇一八年，中國在南沙群島部署反艦巡弋飛彈與長程地對空飛彈，等於是違背了二〇一五年習近平針對南沙群島所作出的「中國沒有追求軍事化的意圖」的承諾。

解放軍空軍不斷派出轟炸機、戰鬥機及偵察機，在台灣周邊進行偵巡，持續恫嚇著台灣。

不僅如此，中國還不斷譴責許多國家危害中國的國家利益，製造政治緊張，還會使用各種包含經濟手段在內的非軍事的高壓手段。

中國憑藉著其經濟上及軍事上的優勢，在短期內追求的是印太地區的霸權，長期則追求的是世界性的霸權。中國持續投入資金於各種廣泛的軍事計畫及武器，追求更加強大的戰力投射能力、現代化的核子戰力，以及在網路空間、太空、電子戰等各領域展開作戰的能力。

嚴肅面對台灣有事

在這個廣大地區之內（尤其是海洋區域），中國為了奪取衝突地區的掌控權，常常會進行一些不至於造成衝突的高壓活動。在和平與衝突之間的「灰色地帶」裡，中國為了確實達到目的，一方面表現出隨時可以爆發武力衝突的態度，一方面持續進行一些還不至於爆發武力衝突的小規模且漸進式的活動。中國所採取的手法可說是五花八門，例如政治戰（介入他國選舉活動）、散佈假消息、利用反介入／區域拒止的網絡、顛覆政權、活用經濟制裁等等。

過去十年之間，中國一直相當重視發生台海衝突時的應對能力。中國不會放棄對台灣行使武力，武器的研發及部署也會持續下去。

在解放軍的現代化過程，中國為了提升軍隊執行複雜的聯合作戰的能力，除了不斷進行組織改造之外，也不斷改進指揮管制、訓練、人事及後勤制度的系統。其現代化行動的重點對象就是台灣。

印太地區的今後局勢

●印太地區的現況

在印太地區，如今美國在當地所屬部隊擁有超過兩千架的飛機，以及兩百艘的艦艇及潛艦。配置在此區域的陸、海、陸戰隊及空軍的士兵，包含國防部的非軍事人員及合約雇員，共超過三十七萬人。而這個地區裡最多美軍進駐的地點，就是日本及韓國。

屬於美國領地的關島，也駐有規模不小的部隊（每天超過五千人），形成一個戰略據點，為美軍在印太地區的行動提供重要的作戰及後勤支援。經常有小規模美軍進駐的同盟國及友好國家，包括菲律賓、澳洲、新加坡及迪哥加西亞（Diego Garcia，屬英國領地）。

●印太地區的今後局勢

為了實現印太地區內的戰略目標，美國必須要在南亞、東南亞及整個大洋洲地區獲得更多的聯結據點。例如為了馬奴斯島（Manus）上的隆布魯海軍基地（Lombrum Naval Base）的共用問題，美國正在摸索著如何與巴布亞新幾內亞及澳洲建立起良好的夥伴關係。

為了克服距離預定戰場太遠的問題，美軍必須在戰區間及戰區內擁有後勤單位，而且必須要具備臨機應變的反應能力，裝備的事前預置更顯得非常重要。具體來說，美國所投入資源的項目包含遠征能力、海空軍的移動式基地（dynamic basing）[14]、能夠執行非傳統作戰及非常態作戰的特戰部隊、反潛能力、能夠同時掌控不同領域的聯繫網及太空團隊，以及獨立的情報、監視及偵察能力。

美國國防部持續研擬著新的作戰構想，藉以提高美軍的致命性、敏捷性及強韌性（resiliency），這些都將在美軍新部署的戰力中獲得實現。例如為了提升「多領域作戰」（Multi-Domain Operations）的能力，在複數的領域裡獲取暫時優勢，美軍正在嘗試建構多領域特遣部隊（Multi Domain Task Force），聯軍也正在試著獲得、維持及活用這個概念。

美國陸軍將會透過「太平洋棧道」演習，對多領域特遣部隊進行測試，找出最合適的能力組合搭配及部署方式。

另外尚有「遠征前進基地作戰」（Expeditionary Advanced Base Operations，以下稱

ＥＡＢＯ），這是美國海軍及海軍陸戰隊的新型態正式作戰概念，能夠在戰爭狀態下提升海洋作戰的強韌性。在ＥＡＢＯ的作戰中，可移動、低成本、結構簡單的臨時設施（例如臨時跑道或起降機坪）將成為執行ＥＡＢＯ作戰的部隊所不可或缺的遠征前進基地。除了設置於海上艦艇的情報蒐集用感測器及武器之外，海軍陸戰隊也會在地面設置感測器及武器（例如沿岸防衛用的巡弋飛彈及防空飛彈等），提高美軍的致命能力。咽喉點防衛之類的作戰想要成功，正必須仰賴ＥＡＢＯ。

夥伴關係

美國在印太地區的活動，仰賴的是長年的國家安全保障同盟，這可說是美國戰略的基礎。能夠創造共同利益的夥伴關係，在美國的戰略之中極為重要，能夠為美國帶來永續性且非對稱的戰略優勢，使競爭國家難以望其項背。

14 原註：並非港口、機場之類興建得非常紮實的固定據點，而是能夠迅速建構的臨時港口，或是可以當作臨時據點的跑道等等。

美國強化了與日本、韓國、澳洲、菲律賓及泰國的同盟關係，這些同盟關係是維持地區和平與安全所不可或缺的要素。美國在同盟關係上的投資，能夠在將來持續為美國及全世界帶來利益。

此外，美國也設法與新加坡、台灣、紐西蘭及蒙古建立更加深厚的夥伴關係。在南亞的區域之內，美國一方面與印度建立起防衛上的主要夥伴關係，另一方面也致力於與斯里蘭卡、馬爾地夫、孟加拉及尼泊爾建立起新的夥伴關係。

在東南亞方面，美國持續強化與越南、印尼、馬來西亞等東南亞國家的國家安全夥伴關係，與汶萊、寮國、柬埔寨也持續有著互動。

日美同盟的現代化

日美同盟是印太地區維持和平與繁榮的基礎。美國堅持守護日本及其施政下的領土。隨著印太地區國家安全的力量關係發生變化，要保障美日雙方的國家安全，以及排除危及雙方共同價值的諸般威脅，日美同盟成為不可或缺的環節。

不管是要對抗北韓的流氓行動，還是要與中國、俄羅斯進行長期的戰略競爭，前提都必須要維持住日美同盟這個獨一無二的優勢。

在美國的國防戰略上，日美同盟有著舉足輕重的重要地位，強化同盟關係的意圖也相當明確。在二〇一八年制訂的《防衛計畫大綱》（National Defense Program Guidelines）內，也特別強調美日兩國在國家安全上的利益有著密不可分的關係。

美國國防部持續進行著對日本及其他同盟國提供的對外軍售制度（Foreign Military Sales, FMS）[15]的合理化，追求各種裝備的共同研發，強化在網路空間及太空領域上的互助合作。除此之外，想要在戰爭中擊敗敵國，技術上的優越性也是不可或缺的條件，美國國防部也將此視為最優先的追求事項。

●在日本的兵力

駐日美軍是美國在印太地區的戰線中不可或缺的一部分。要排除共通的威脅、增進共同的利益，及履行《美日安全保障條約》中明定的義務，美國國防部總是將最強大的現代化部

15 原註：FMS為美國透過國防部提供美國製武器或軍事教育訓練並收取費用的制度。

隊派駐在日本。

基於特別措施的協定，日本政府會對駐日美軍提供財政支援。這個戰略上的貢獻，為駐日美軍的即戰力提供了最直接的力量。美國國防部派駐在日本的軍人約有五萬四千人，其中包含了海軍第七艦隊、陸戰隊第三遠征軍、空軍的三支部隊，以及小規模的陸軍及特戰部隊。戰力配備也都是第一流的，包含了F－35、MV－22、CV－22，以及唯一前沿部署的航艦隆納．雷根號（USS Ronald Reagan, CVN-76）[16]。

除此之外，為了對抗彈道飛彈的威脅，駐日美軍的兵力之中也包含了神盾驅逐艦、偵測彈道飛彈的雷達及愛國者飛彈部隊等戰區飛彈防禦系統「BMD」戰力。

根據二〇一五年所公布的《美日合作防衛指南》（Guidelines for Japan-U.S. Defense Cooperation），強化美軍與日本自衛隊在運用面上的合作，也是優先事項。兩國在印太地區的存在（Presence）活動、相互資產保護任務及兩國間的演習，都只是美軍與日本自衛隊合作達成共同目標的聯合作戰的一小部分。

6 CSBA的新戰略「海上壓力戰略」

由於「空海整體戰」在歐巴馬政府時代並沒有受到正式採用，所以智庫戰略和預算評估中心（CSBA）在二〇一九年六月又發表了「海上壓力戰略」。對CSBA來說，「海上壓力戰略」就像是要為沒有受到正式採用的「空海整體戰」喚回面子。以下簡單介紹其概要。

如何避免中國佔領台灣的「既成事實」

「既成事實」（fait accompli）是這個戰略的關鍵字之一。俄羅斯在二〇一四年迅速吞併克里米亞而沒有受到烏克蘭的頑強抵抗，就是「既成事實」的典型案例之一。美國擔心同樣的狀況會發生在台灣衝突上，也就是在美軍還來不及做出有效應對措施之前，中國已經攻

16 原註：航空母艦隆納·雷根號是以日本的橫須賀港為母港，這是美國海軍唯一一艘以外國港口為母港的航空母艦。就這層意義上而言，雷根號是唯一的前沿部署航艦。

擊並完全佔領台灣。如果當真發生這樣的情況，由於中國佔領台灣已是「既成事實」，美國不管做什麼都很難顛覆這個事實。

要讓美軍跨越廣大的太平洋，絕對不是一件容易的事情。因此在國家安全保障上經常提到「殘酷的距離及時間」（tyranny of distance and time）[17]問題。

美軍遠在衝突地區之外，想要避免中國佔領台灣的「既成事實」，距離與時間是無論如何都必須克服的問題。

「海上壓力戰略」的梗概

「海上壓力戰略」的目的，是要讓中國領導人明白中國在西太平洋的軍事侵略絕對不會成功。換句話說，就是要遏止中國的侵略行為。

「海上壓力戰略」是一種防禦性戰略，用來補足或代替過去所提倡的封鎖作戰（blockade operations），或對中國本土的懲罰性打擊作戰。

「海上壓力戰略」的目標，在於建立起第一島鏈上的高度生存力精準打擊網（大量部署美國及同盟國的陸基型反艦飛彈及防空飛彈，並建構起提供支援的海、空、電子戰力網絡）。

「海上壓力戰略」所追求的優勢在於前沿部署及建立縱深防衛戰力，藉以遏止中國在印太地區的侵略行為。由於美方已經宣布退出《中程飛彈條約》（Intermediate-Range Nuclear Forces Treaty，簡稱ＩＮＦ條約，內容為全面廢除中程核子武器），「海上壓力戰略」也提議將陸基型中程飛彈的研發工作納入考慮之中。

「外壓內攻防衛」

「海上壓力戰略」能夠克服距離與時間的問題，讓不希望美軍介入的中國軍隊行動受挫，避免中國佔領台灣的「既成事實」。這個作戰概念稱作「外壓內攻防衛」。「外壓內攻防衛」的執行部隊包含了內側防衛部隊及外側防衛部隊。內側部隊部署在第一島鏈的內側，以陸軍及海軍陸戰隊為主（例如日本的陸上自衛隊）；外側部隊部署在第一島鏈的外側，以海軍及空軍的部隊為主。ＣＳＢＡ將「外壓內攻防衛」形容成美式足球，將內側部隊稱為「防守線」（defensive line），將外側部隊稱為「線衛」（linebacker）。

17 原註：意味著距離作戰地區太遠，需要耗費太多時間，會對作戰造成極度不利的影響。

「外壓內攻防衛」等於是將中國對美國及其同盟國實施的反介入／區域拒止戰略反過來對中國實施。簡單來說，就是利用西太平洋的地形（尤其是第一島鏈）弱化中國的軍事力量，延遲其作戰的速度，建構起排除中國軍事行動的反介入／區域拒止戰略架構。

內側部隊必須擁有在嚴峻局勢下作戰的攻擊力，以及承受敵方猛烈攻擊依然能存活的耐受力。外側部隊則必須擁有高度的機動性，能夠進行長程的距外攻擊，負責入侵中國的反介入／區域拒止體系。

內側部隊與外側部隊必須互相配合，在解放軍的攻擊下存活下來並持續作戰，在西太平洋建構起前線縱深防衛網，如此一來便能在爆發衝突的初期減緩解放軍的進攻速度。當然美國想要戰勝中國，光靠「外壓內攻防衛」戰略是不夠的，但這套防衛概念可以避免佔領台灣「既成事實」的局面，同時爭取足夠的時間，讓美軍的懲罰性攻擊或遠距離封鎖作戰等其他作戰能夠發揮效果。

只要能夠讓中國明白「外壓內攻防衛」是多麼難以應付的戰略之後，中國就會擔心一旦發動攻擊就會讓衝突加劇，演變成大規模的衝突，導致成本大幅增加。如此一來，中國就只能選擇緩和氣氛，迴避發生衝突。換句話說，最終目的是要讓中國放棄攻擊。

內側部隊與外側部隊

●內側部隊

平時部署於西太平洋的內側部隊，能夠發出明確的軍事訊息，強調美國介入此地區紛爭的決心。這些內側部隊也有助於對抗中國的高壓活動，在未達武力衝突的「灰色地帶狀態」中發揮抗拒中國的力量。內側部隊會運用空中、海上及地面上的日常監控網，提升對西太平洋的局勢掌控，揭發中國的惡意活動。除此之外，部署在西太平洋的監控網還能夠發現中國的潛在攻擊徵兆，即時提出警告，減少中國在時間及距離上的優勢。

當衝突發生的時候，內側部隊會在第一島鏈沿線上及第一島鏈以內區域分散開來，建構起應對戰線，利用第一島鏈的島嶼等海洋地形組成初期的防衛網，迅速抵抗中國的攻擊行動。

在西太平洋發生衝突的時候，內側部隊主要能發揮三項功用。

第一，掌握制空權、制海權及資訊優勢，這些都是中國眼中要讓作戰獲得勝利的必要條件。

第二，攻擊中國的作戰部隊，降低其侵略能力，使其無法佔領美國的同盟國或夥伴國的

圖 2-2　外壓內攻防衛

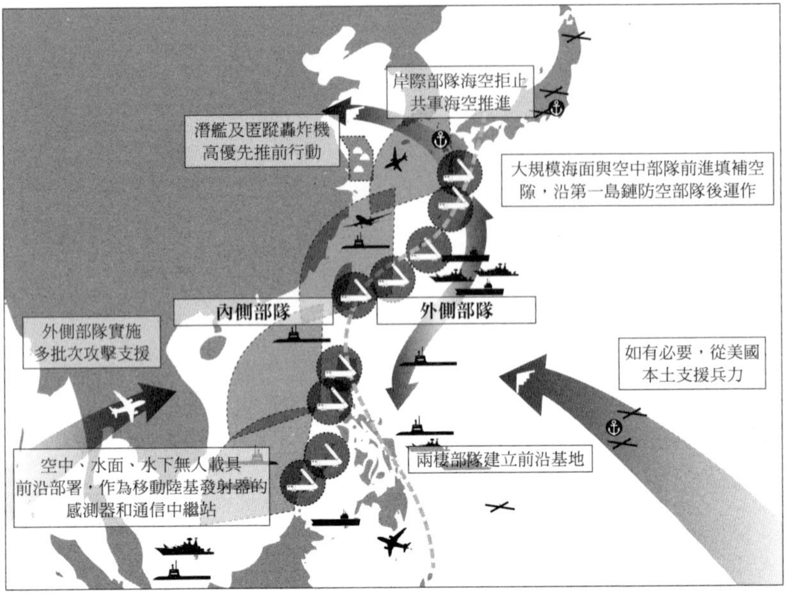

出處：CSBA, Tightening the Chain: Implementing a Strategy of Maritime Pressure in the Western Pacific

領土，阻止中國的武力跨越第一島鏈。

第三，弱化中國的主要作戰系統，尤其是反介入／區域拒止作戰體系，使外側部隊能夠利用其弱點進行攻擊。

內側部隊的骨幹，是可移動且分散於各地的地面部隊及兩棲部隊。這些地面部隊不僅具有偽裝、隱蔽及欺敵能力，而且具高機動性，不容易被敵人發現。這些內側部隊能夠讓第一島鏈上的各個島嶼變成配備了監控裝置、飛彈、電子戰系統等多領域能力的防衛基地。

●外側部隊

外側部隊主要是由空軍及海軍所組成，能夠對部署於第一島鏈上的內側部隊提供具彈性及機動性的支援。美國的強大軍力，都可編入外側部隊之中。

「外壓內攻防衛」的四大作戰

「外壓內攻防衛」主要包含以下四項作戰。

（一）海上拒止作戰：在第一島鏈上的作戰，用以對抗中國的海上壓制行動，摧毀中國的海上戰力投射部隊。

（二）航空拒止作戰：在第一島鏈上的作戰，用以對抗中國的制空權，擊敗中國的航空太空戰力投射部隊。

（三）資訊拒止作戰：對抗中國的資訊管制，讓美國獲得資訊優勢的作戰。

（四）陸地攻擊作戰：破壞部署於中國本土陸地上的反介入／區域拒止作戰系統（彈道飛彈、巡弋飛彈、轟炸機、雷達、衛星相關地面設施等），將中國的戰力投射部隊（運輸艦、登陸艦、運輸機、登陸部隊等）吸引至本國或是夥伴國領土並加以摧毀的作戰。

①海上拒止作戰

中國必定會企圖奪取及維持第一島鏈內及其附近一帶的海洋控制權，海上拒止作戰的目的就在於阻止中國這麼做。在中國的登陸部隊進入美國的同盟國或夥伴國的領土之前，瓦解中國的海上部隊，盡早突破解放軍的海上封鎖，阻止中國將其海洋勢力部署至國外。

分散部署在第一島鏈沿線上的地面部隊，皆配備反艦巡弋飛彈（ＡＳＣＭ）及反艦彈道飛彈，能夠攻擊中國的水上艦艇，尤其是配備了長程防空飛彈（ＳＡＭ）的艦艇。如果能夠在衝突的初期摧毀這些艦艇，就能夠阻撓中國搶奪海洋控制權，使中國喪失在距離大陸極遠處守護中國艦艇的防空能力。

日本的十二式反艦飛彈之類的陸基反艦飛彈，至少擁有一〇〇海里（一八五公里）的射程，範圍幾乎涵蓋企圖通過第一島鏈的中國艦艇的所有潛在路徑。但這有一個前提，那就是美軍必須擁有自由使用所有同盟國及夥伴國（包含越南、印尼等東南亞國家）領域的權力。

另一方面，射程在一〇〇海里以下的陸基反艦飛彈，則可以用來強化第一島鏈沿岸的防衛，範圍可涵蓋一部分的衝突地區。其最大的特徵，就在於雖然射程不夠遠，無法攻擊遠離東海或南海的解放軍海軍，但是讓地面部隊配備長程飛彈，還是有助於阻擋解放軍海軍進入美軍的作戰區域，攻擊在台灣海峽或其他中國鄰近海域活動的解放軍海軍。

具備高度索敵能力的最先進陸基反艦飛彈，能夠各自選擇解放軍海軍的水面作戰艦或登陸艦作為攻擊的目標。

要讓這些攻擊發揮效果，部隊必須搭配利用地面或航空偵測裝置、超視距雷達、潛艦及無人水下載具（UUV）、衛星、有人或無人水面艦艇，以及能夠突破敵方防衛網的有人或無人航空器，取得目標的情報資料。

潛艦及無人水下載具等水中部隊，則肩負起前線偵察的角色，以魚雷或反艦巡弋飛彈（ASCM）攻擊中國的艦艇，為內側地面部隊提供支援。然而他們的主要任務，尤其是在離開南海或東海之前，必須摧毀第一島鏈內的解放軍海軍部隊。

隨著美國的無人水下載具性能漸趨成熟，無人水下載具及布雷用的無人平台能夠強化第一島鏈內的海戰，如此一來潛艦就能部署在衝突較少的海域。這種ＵＵＶ能夠當作「指揮與管制」（Command and Control, C2）的節點（網路的分歧點或中繼點）使用，也可以當作飛彈發射載具。除此之外，地面上的火力也可以搭配無人航空器系統（ＵＡＳ），利用無人偵測裝置發現解放軍海軍的潛艦之後並加以攻擊。

外側部隊也可以利用中國的反介入／區域拒止能力的弱點（由內側部隊所造成），為第一島鏈內的海上拒止作戰提供支援。在第一島鏈沿線的地面防空系統背後活動的水上艦艇、第四代戰鬥機、轟炸機等，可以靠著大量的長程反艦巡弋飛彈為海上拒止作戰提供火力。

此外，有人及無人匿蹤戰機能夠侵入中國的反介入／區域拒止防衛網，進行海上攻擊，也可以當作友軍的地面飛彈部隊等其他武器的偵察裝置（用來發現敵人的情報蒐集工具）。

②航空拒止作戰

航空拒止作戰是為了對抗第一島鏈內中國航空優勢的作戰。在解放軍的部隊自海岸登陸之前，瓦解其運輸攻擊部隊的能力。同時亦阻止解放軍的轟六轟炸機等長程轟炸機越過第一島鏈，攻擊友好國家的基地、部隊或其他目標。

部署在第一島鏈各個島嶼上的陸地型「整體空中及飛彈防禦」（Integrated Air and Missile Defence, IAMD）系統能夠減少敵機的數量。這麼一來，解放軍就必須將飛機使用於防空，而沒有辦法用來進行攻擊。

這種最新的陸地型「整體空中及飛彈防禦」系統能夠搭配使用飛彈、火砲、雷射及高功率微波等不同的武器，因此可以形成移動式、長距離、廣範圍、近距離的重點防空系統等多層次的防衛架構。

陸地上的內側部隊將接受外側部隊的空軍支援，例如空中預警管制機（Airborne Early Warning and Control, AEW&C）可提供必要的援助。此外，外側部隊空軍的有人或無人戰鬥機可突破敵人的防禦，對中國的空軍基地發動攻擊性反制空作戰（Offensive Counter-Air Strike, OCA）。

③資訊拒止作戰

解放軍認為資訊優勢是軍事勝利的最重要前提條件，因此能夠降低中國的C4ISR（指、管、通、資、情、監、偵）能力的作戰及資訊拒止作戰，在阻止中國的侵略上能夠發揮莫大的效果。

資訊拒止作戰的目的，在於阻止中國的情報蒐集、監控及偵察，讓中國的通訊網路陷入混亂，最終目標是讓中國的中央集權式決策能力陷入麻痺的狀態。內側部隊及外側部隊會進行陸地作戰或以反艦、防空武器進行攻擊，破壞中國的偵察裝置或C4ISR的節點（重要部位），阻斷其通訊網路。

④陸地攻擊作戰

陸地攻擊作戰的目的，在於破壞中國的陸地型反介入／區域拒止作戰系統（偵察裝置、長程飛彈發射載具、停留在地上的飛機、防空飛彈），使外側部隊能夠獲得行動上的自由。

就跟海上拒止作戰一樣，對於陸地目標的攻擊，包含以潛艦發射的巡弋飛彈，外側部隊中的航空部隊及海軍部隊發射的長程飛彈，以及靠匿蹤戰機接近中國本土攻擊地上目標。

位於中國本土的重要目標約有五萬個，其中大概七成在距離海岸線約四百六十三公里的範圍之內。最深入內陸的目標，包含了太空相關設施、衛星攻擊用武器設施，以及其他高價值的設施。

依循《中程飛彈條約》的射程限制所研發的陸基飛彈，最大射程只有五百公里。但如今美國已宣布放棄《中程飛彈條約》，因此未來美國應該會致力於研發射程超過五百公里的陸基中長程飛彈。這也意味著未來將有更多的手段能夠讓「外壓內攻防衛」獲得成功。

對「海上壓力戰略」的評價

隨著美中競爭逐漸升溫，美中兩國在印太地區發生衝突的可能性也浮上檯面。「海上壓力戰略」能夠防止發生中國佔領台灣的「既成事實」，在遏止美中衝突及提升日本防衛能力上獲得高度評價。

但是要實施「海上壓力戰略」，包含日本在內的第一島鏈各國（台灣、菲律賓、印尼等國）必須與美國建立起緊密的合作關係。

為了實現「自由開放的印太戰略」及「海上壓力戰略」，美軍勢必要做到更大規模的前沿部署，但是美國國內有一些團體反對這樣的作法。中國的威脅日益增大，美國是否真的有心要與其對抗，值得我們深入觀察。

我們雖然對「海上壓力戰略」給予正面的評價，但建立起日本單獨的南西群島防衛戰線亦不能稍有鬆懈。

譯註——

註一：全文稱《收緊鏈條，在西太平洋實施海上壓力戰略》（Tightening the Chain, implementing a strategy of Maritime Pressure in the Western Pacific）。

註二：馬提斯卸任之後，撰寫了一本關於領導與管理的著作，《學會領導》由燎原出版於二〇二二年三月出版。

第三章

劇烈變化的朝鮮半島局勢

世界的安全局勢正在發生劇烈變化。第二次世界大戰後在美國主導下建立起來的世界秩序，在許多環節上都已無法維持。其根本的原因，就在於肩負世界警察職責的美國出現了國力相對低落的狀況，再加上快速崛起的中國及成功復興的俄羅斯開始對美國做出挑釁的舉動。除此之外，大力強調「美國優先」的川普在二〇一六年當選美國總統，其不適當的言行也帶來了不少負面影響。

朝鮮半島正處於最典型的動盪不安狀態，其局勢正在發生劇烈的變化。包含了美國前總統川普、韓國前總統文在寅，以及北韓委員長金正恩都是帶來這巨大變化的核心人物。

身為國家領袖或負責保障國家安全的人，必須要「做最好的準備及最壞的打算」，這可說是基本原則。因此本章將針對朝鮮半島上的局勢，一方面探討對日本來說最壞的情況，一方面思考我們該如何因應這樣的情況。

外交舉措令人難以捉摸的川普總統

首先我們來看美國總統川普。對於川普作為美國總統，我認為是功過兩極。川普在「美中競爭」裡面對中國表現出嚴峻態度的部分值得讚賞，國內經濟政策也是可圈可點。但是川普對朝鮮半島的政策、退出《伊朗核協議》（Iran nuclear deal）、退出《跨太平洋戰略經濟夥伴關係協定》（TPP）（註一）、退出討論氣候議題的《巴黎協定》（Paris Agreement），與北約主要加盟國對立等決策都令人詬病。這些不適當的決策與言行，毀損了自二戰之後由美國所主導建立的秩序。

所幸美國總統的身邊有一群優秀的人才，才沒有讓整個政府變得無可救藥。尤其是國防部，更是表現良好的部門之一，只要閱讀國防部所公布的各種報告，不難看出其內部人員在任務的執行上有著一貫的理念。

但問題是川普總統本人絲毫不關心與同盟國或友邦的良性互動，言行舉止永遠讓人難以捉摸。我們恐怕必須要有所覺悟，只要川普在任的一天，這種混亂的局面就會一直持續下去。

在韓國方面，文在寅政府作為一個左翼政權，經濟政策及外交政策都是徹底的失敗，幾乎每一個決策都是荒腔走板。北韓則是在金正恩的獨裁統治下持續研發著核彈，讓北韓的非核化陷入絕望的局面。

二〇一八年六月十二日舉行了第一次的美國北韓高峰會，以後又舉行了第二次及第三次，卻完全沒有得到當初大家所期待的重大突破。整體而言，我們不得不承認美國北韓高峰會是一個挫敗。

川普總統太急於追求歷史性成就。每個長年與北韓交手的專業外交官，都會異口同聲地這麼說：「與北韓交涉的時候，只要簽署了一份可以有不同解釋的文書，遊戲就結束了。」川普太過猴急於召開高峰會，第一次高峰會所簽署的協議文書「包含太多可以作出不同解釋的內容」，其結果當然是造成北韓的非核化遲遲沒有任何進展。

美國當初所追求的「CVID（Complete, Verifiable and Irreversible Denuclearization，即完全、可驗證且不可逆的非核化）」完全沒有實現。這個失敗的最大原因，就在於川普那些令人難以預測的「神來一語」。在外交上要獲得成功，專業人士的長期經營及居上位者的優秀領導能力都是不可或缺的條件，但美國同時欠缺這兩個條件。川普輕視長期經營的做法，追求的是風行草偃的效果，卻又老是說一些讓人跌破眼鏡的談話。

堅決不肯放棄核武的北韓

北韓不僅沒有在「非核化」上做出任何具體的努力，而且還持續進行核武的研發及彈道飛彈的實驗。北韓既沒有放棄核武，也沒有放棄彈道飛彈。因為北韓心裡很清楚，一旦放棄了這些，就只有死路一條了。

●北韓在第一次美國北韓高峰會的收穫

於二〇一八年六月十二日舉行的美國北韓高峰會，讓全世界對於朝鮮半島的未來充滿了希望。在日本，就連一些經常針對北韓提出嚴厲批判的保守派人士，也不禁抱持著「或許北韓將會發生歷史性的變化」的期待。

但是這些樂觀的希望，到頭來也只是幻想而已。早在美國北韓高峰會還沒有召開之前，我就曾說過「這場高峰會只是一場政治秀，過去我們被北韓欺騙了二十年以上，這次歷史又要重演了」。後來我讀了那份毫無內涵可言的協議文書，又看了川普總統召開的記者會，更是確信自己的想法並沒有錯。

這第一次的美國北韓高峰會，可以說是由北韓大獲全勝。北韓的收穫統整如下。

（一）協議文書裡完全沒有提到美國在會前最重視的ＣＶＩＤ。因此在攸關驗證可能性的核武申告環節只是模糊帶過。

（二）北韓得到了安全的保障。在這場高峰會之後，美國幾乎不可能發動先制攻擊，金正恩從此可以高枕無憂。

（三）協議文書裡寫的並不是「北韓的完全非核化」，而是「朝鮮半島的完全非核化」。北韓將這個詞句解釋成除了北韓要實現非核化之外，美國必須召回駐韓美軍且撤除其核武保護傘。

（四）隨著南北韓首腦會談的實施，朝鮮半島上出現了一片和睦相處的氛圍，聯合國的經濟制裁可能會變得有名無實。

美國當初所追求的「在短時間之內實現非核化」成為泡影，協議拖得越久，北韓作為一個核武擁有國的地位就越鞏固。令日本人恐懼不已的核子武器及短、中程彈道飛彈都被保留了下來。川普總統在高峰會的記者會上大言不慚地說：「北韓的核武威脅不復存在」，到頭來只是在虛張聲勢而已。

●不斷發射短程飛彈的北韓

北韓在二〇一九年五月四日、九日，以及從七月二十五日到八月十日，前前後後共進行了七次的短程彈道飛彈試射（註二）。除了發射次數變得頻繁之外，飛行路線會在末端變得不規則的新型飛彈試射也是其特徵之一。

有人認為那是由於川普在美國北韓高峰會上承諾「不會追究北韓發射短程彈道飛彈」所導致的。如果真是如此的話，很可能正是因為川普的不當發言，引來了北韓的挑釁行動。

比起美韓同盟，文在寅政府更重視的是南北統一

文在寅總統比起過去的歷任韓國總統，其「侮日、反美、從北韓」的立場更加明顯。比起美韓同盟，他更重視的是南北統一（北韓提議建立「高麗民主聯邦共和國」）。他就像是「哈梅爾的吹笛人」（Pied Piper of Hamelin）一樣，不斷地把韓國民眾吸引到獨裁的北韓那一邊。

針對北韓的非核化問題，文在寅不斷為北韓說話，也不針對違反聯合國制裁的「海上船對船轉運貨物」（Ship-to-ship cargo transfer，指船隻在外海偷偷將石油之類的重要物資轉移

到北韓的船隻上）進行監視。不僅如此，他還撤除了北緯三十八度線附近的地雷區及衛哨站，並禁止固定翼航空器靠近。除了降低對北韓的提防之外，文在寅更終止美韓兩軍的共同演習，「從北韓」的姿態可說是相當明顯。

這很可能意味著韓國將脫離打從冷戰時代就建立起的美日韓安全保障架構，形成南北韓聯手的局面。如果這件事真的變成事實，影響可說是相當巨大。

●韓國「國防改革2.0」的諸般問題

韓國的國防部針對今後的國防問題向文在寅提出了「國防改革2.0」的基本方針，並在獲得同意後對外發布。從報導的內容來看，「國防改革2.0」等同於對外宣布「北韓不再是韓國的敵人」。

①廢除「攻擊性的新作戰概念」

這次的「國防改革2.0」值得注意的重點之一，就在於廢除了「攻擊性的新作戰概念」。

所謂的「攻擊性的新作戰概念」，指的是「當南北韓全面開戰時，南韓的軍隊能夠在兩星期內攻佔平壤，獲得短期決勝的成果」的作戰概念。根據過去的說明，這樣的作戰概念能夠發揮「在戰時以『最短的時間及最少的犧牲』結束戰爭，在平時遏止北韓的挑釁行為」的效果。

據說在國防部剛開始提交給總統的「國防改革2.0」版本之中，原本是有「攻擊性的新作戰概念」的，但因為總統反對，國防部將這個部分刪除了。

②韓國裁減軍隊及縮短兵役時間

在這份「國防改革2.0」之中，包含了大規模縮編軍隊的計畫。韓國目前的總兵力為六十一萬八千人，預計將在二〇二二年之前縮編至五十萬人，也就是裁減十一萬八千人。這十一萬八千人的縮減全是陸軍（約縮減了二四％），陸軍從原本的約五十萬人縮編至約三十八萬人。從這場縮編可以看出文在寅政府完全沒有把陸軍看在眼裡。

為了配合陸軍的縮編，五年後在最前線守衛國家的作戰師數量也會從十一個師減少至九個師，各師所負責的迎敵面也會擴大至約四十公里，為現在的大約兩倍。五年後韓國陸軍能否應付這劇烈的變化，實在令人擔憂。

韓國採用的是徵兵制，如今服兵役的時間也縮短了。陸軍及海軍陸戰隊從二十一個月縮短為十八個月，海軍從二十三個月縮短為二十個月。原本韓國的兵力就因少子化而減少，只能靠延長服兵役的時間來維持戰力，如今服兵役的時間卻是不增反減。

相較之下，北韓則保有一百二十八萬的兵力，士兵的服役期間約為七至十年。韓國的一些較保守的媒體（如《朝鮮日報》），皆擔憂倘若北韓大舉進攻南韓，只服役十八個月的五十萬士兵根本沒有辦法抵擋得住。

由此可知，韓國單方面縮編兵力及減少服役時間，意味著韓國的國防力量降低，阻擋北韓的能力當然也會跟著減弱。

③非軍事區警戒監視體制縮小計畫

還有另一個更嚴重的部分，那就是邊界附近非軍事區的警戒監視體制縮小計畫。韓國計畫將部署於非軍事區的衛哨站內的士兵及武器撤除，這一點已可從韓國國防部在二〇一八年七月二十四日向國防委員會提出的資料獲得印證。

這個計畫依循的是同年四月實施的南北首腦會談後公布的《板門店宣言》中的「DMZ

（Korean Demilitarized Zone，即非軍事區）和平地帶化」計畫。根據該計畫，韓國會先實驗性地撤除衛哨站的武力，之後將進行全面撤除，以及實施其他如縮減共同警備區（Joint Security Area, JSM）警衛等武力的撤除行動。這對北韓來說，當然是求之不得的事情。邊境上沒有人駐守，北韓要滲透南韓就更加容易了。

●韓國政府企圖讓聯合國的經濟制裁喪失效果

韓國外交部長康京和與中、俄聯手，策劃在聯合國內部削弱對北韓經濟制裁的力道。據說她在一場對聯合國安全理事會的報告中，聲稱「對北韓的經濟制裁，南北韓之間需要一些例外」。雖然在正式場合上，她總是說「經濟制裁必須維持下去，直到北韓實現非核化為止」，但是在安全理事會的報告中，她說出了文在寅政府的心聲：「為了讓北韓願意與我們對話及合作，我們需要一些例外的空間。」

韓國政府明知道有大量北韓產的煤炭進入了韓國國內，卻不加以處罰，後來甚至允許一些違反聯合國制裁的船隻進入港口或通行。說穿了，就是默許這些違背經濟制裁規定的行為。例如有很多船隻從北韓的元山載運了大量的煤炭出港，在俄羅斯庫頁島的霍爾姆斯克港

（Kholmsk）卸下煤炭，這些煤炭接著會被搬入第三國籍的船，然後載到韓國。這樣的做法明顯違背了安全理事會的決議。

除此之外，「海上船對船轉運貨物」的情況也不時發生，韓國政府皆是睜一隻眼閉一隻眼。

為了逼迫北韓實現非核化，經濟制裁是必要的手段，韓國政府這種漠視安理會決議的作風無疑是個嚴重的問題。除此之外，正當整個國際社會都在對北韓進行經濟制裁的時候，韓國政府卻不分青紅皂白地對北韓提出經濟合作的提議，當然也是個不容忽視的大問題。

撤除駐韓美軍及美韓解除同盟的可能性

川普在二〇一六年的總統選舉期間，就曾提出撤除駐韓美軍的想法。撤除駐韓美軍是他所主張的政策之一。根據他的發言來判斷，他認為「讓美軍駐留在韓國太花錢，負擔太大而利益太少」。同樣的論點，也可以套用在駐日美軍身上，所以日本人絕對不能抱著事不關己的心態。

事實上韓國總統文在寅心裡大概也想著「希望實現北韓夢寐以求的『撤除駐韓美軍』」

吧。說得更明白一點，對文在寅來說最理想的狀態，並不是韓國大聲疾呼要求撤除駐韓美軍，而是讓美國自己決定要這麼做。因此川普沒有深思熟慮就說出應該撤除駐韓美軍的想法，對文在寅來說是求之不得的事情。文在寅心裡一定希望川普別光說不練，最好趕快將駐韓美軍撤除，這麼一來，南北韓就可以加快統一的速度。

撤除駐韓美軍會帶來什麼樣的影響，是我們必須深入思考的問題。一旦撤除駐韓美軍，得利者當然是北韓、中國及俄羅斯。中國及北韓都把駐韓美軍當成了眼中釘，只要撤除駐韓美軍，兩國在朝鮮半島上的影響力就會大增，可說是百利而無一害。

但是對日本來說，撤除駐韓美軍是個相當糟糕的狀況。因為這麼一來，美國在朝鮮半島上的影響力就會大減，美國的防衛線可能會像中國所說的，在實質上退後至第一島鏈。

有些評論家主張當駐韓美軍遭撤除，美國的防衛線會退後至艾奇遜防線（Acheson Line，指連結阿留申群島、日本列島、沖繩、菲律賓的島鏈），但我認為當發生那樣的情況，美國的防衛線應該會是第一島鏈，而非艾奇遜防線。第一島鏈與艾奇遜防線的最大差別，就在於台灣是否在防衛線上。第一島鏈包含了台灣，但艾奇遜防線則將台灣排除在外。

美國的防衛線變化，會對日本造成最直接的衝擊。當朝鮮半島成為一個統一的國家，有很高的機率會是一個仇日的國家，這個國家會將日本當成假想敵。換句話說，日本將必須面對一個在朝鮮半島上投注兵力與日本為敵且擁有核彈的國家，這對日本來說是一個最壞的結果。

文在寅總統在國務會議上的發言等同於對日宣戰

文在寅政府以二戰時期的慰安婦、徵用工（註三）問題來為難日本，甚至做出了凍結日本企業資產的決定。但上述的議題早已在過去的日韓外交折衷上取得了共識，因此文在寅政府的決定可說是單方面的背信行為，實在是相當不明智。

另一方面，日本政府則基於國家安全保障的觀點，加強了戰略物資（氟聚醯亞胺〔fluorine polyimide〕、光阻劑〔photoresist〕、蝕刻氣體〔etching gas〕）的輸出管理，並且決定將韓國從「白名單」（符合貿易優惠措施的國家名單）中剔除。這項決定並非如韓國所稱「是一種保護貿易的手段」，而是日方認為這些物資都是國家安全保障上的重要物資，而韓國在管理方面做得並不確實。

韓國的文在寅總統得知日本的決定之後，在國務會議上大罵日本為「凶惡的盜賊」，引發韓國國內出現拒買日貨等激烈反日運動。

以下節錄文在寅總統的發言。這些發言簡直就像是對日本的宣戰通告。

・「最讓我們感到嚴重的事情，是日本政府刻意打擊我們的經濟，阻礙我們的經濟發展，對我們抱持著非常明確的傷害意圖。」

・「我們絕對不會再輸給日本。過去我們克服了無數的逆境，才獲得了今天的成就。當面對越艱困的逆境，我們的成長就會越驚人。」

・「雖然日本是經濟強國，但只要日本政府敢做出危害我國經濟的事，我們一定會採取相應的措施。日本的手段越強烈，我們的因應措施也會階段性地增強。」

・「正如同我曾經警告過的，日本只要刻意打擊我國經濟，一定也會蒙受巨大的傷害。」

・「屈服於挑戰，只會讓歷史重蹈覆轍。但如果把挑戰當成機會，當成讓經濟更上一層樓的契機，我們一定有能力能夠戰勝日本。我們的經濟一定能夠超越日本的經濟。」

・「日本就像是一座遲早必須跨越的山。如果我們裹足不前，將永遠無法跨越那座山。」

到了八月五日，文在寅總統又說出，「日本絕對無法阻擋我們快速發展的經濟」，「日本的經濟跟我國的經濟相比，他們只贏在經濟規模及內需市場。只要南北的經濟合作帶來和平經濟效應，我們馬上就可以趕上日本」等語。

文在寅一邊將日本在貿易管理上的措施當成「脫離日本」的契機，一邊強調朝鮮半島統一之後的南北經濟合作能夠超越日本。顯然文在寅的心中一直有著「靠南北統一對抗日本」的念頭。

日本的因應對策

●為「韓國可能跟北韓一樣成為日本的敵人」這個最可怕的結果預先做好準備

日本周邊一帶的安全局勢正在發生劇烈的變化，尤其是朝鮮半島上的局勢巨變會對日本的國家防衛造成最直接的衝擊。不肯放棄研發核武的北韓當然是個麻煩，但如今的韓國受反日且追求南北統一的文在寅左翼政府統治的問題也讓人頭痛。

文在寅政府總是一找到機會就大肆批評日本，簡直把日本當成了「韓國的唯一敵人」。他所領導的政府不參加「海上船對船轉運貨物」的監控，不參加美日所主導的印太戰略，還宣布不再遵守《日韓軍事情報保護協定》（General Security of Military Information

Agreement, GSOMIA），與日本的關係絕對稱不上友好。

但更令人憂心的是自衛隊與韓國軍隊的關係。自從去年（二〇一八年）底發生了雷達鎖定事件（註四）之後，日本的自衛隊就開始對謊話連篇的韓國軍隊抱持著難以抹滅的不信任感。

我們不得不說，韓國在文在寅政府的帶領下，已經脫離了過去的美日韓同盟架構。在「美、日」對抗「中、俄、北韓」的局勢裡，韓國的立場是偏向「中、俄、北韓」那邊的。面對這樣的韓國，日本為了守護自己的國家利益，有必要作出果斷的決定。

過去的日本不管是政府還是防衛省，都只把持續開發核武的北韓當成威脅，但今後日本必須要有所覺悟，倘若韓國的情況再繼續惡化下去，遲早韓國也會成為日本的威脅。

我想要再強調一次，文在寅政府的「反日、從北韓」情況之嚴重，是過去的韓國政府所未見的。韓國不僅是以日本作為強化國防力量的假想敵，而且未來還有可能與北韓統一，成為一個反日的單一國家。為了因應這樣的事態，日本一定要做好準備才行。

●日本的自我努力及日美同盟的強化是重點

有人以「北韓的非核化完全沒有進展」來批評川普總統，川普竟然在推特上回應：「北韓沒有發射火箭，沒有進行核子實驗，日本很快樂，整個亞洲都很快樂」，這樣的發言實在是非常不當。因為北韓依然保有核子武器，也沒有廢棄短、中程彈道飛彈，甚至發射實驗也還在持續進行著。對我們來說，北韓依然是極大的威脅。日本人面對這最糟糕的狀況，絕對快樂不起來。

在美國人的眼裡，短、中程彈道飛彈並不是什麼太大的威脅，何況北韓一度引發話題的洲際彈道飛彈（intercontinental ballistic missile, ICBM）也沒有研發完成，或許美國並不認為北韓的情況值得擔心。這也讓我們明白一點，那就是美國眼中的威脅與日本眼中的威脅可能是兩碼子事。

如今我們正在親眼見證美韓同盟名存實亡的過程。美韓同盟的淪喪，川普總統與文在寅總統都必須負起責任。北韓沒有為非核化做出任何的努力，文在寅卻主動弱化了韓國的防衛戰線，他的責任不可謂不重。另一方面，川普在沒有明確的目的及手段的情況下重複舉行美國北韓高峰會，輕率地說出撤除駐韓美軍的言論，稱美韓共同演習「太過挑釁且太花錢」，不追究北韓數次發射短程飛彈的行徑，這引發的問題也不容小覷。

從以上的狀況可以看出，日美同盟依然是日本的國土防衛所不可欠缺的環節。日本除了必須做到自我防衛上的努力之外，還必須致力於強化美日之間的同盟關係。

我們應該將這些國家安全保障上的重大變化當成一個最佳的契機，藉此迅速修改《憲法》第九條，同時廢除「專守防衛」這些讓自衛隊無法發揮實力的過度自我規範。否則的話，將來有一天可能會連韓國的軍隊也瞧不起日本的自衛隊。

譯註——

註一：TPP是舊稱，後來改稱「跨太平洋夥伴全面進步協定」（Comprehensive and Progressive Agreement for Trans-Pacific Partnership, CPTPP）。

註二：光在二〇二二年一月，北韓就有六次的試射記錄、二月一次、三月二次。

註三：韓國人在戰時遭強迫勞動。

註四：日本海上自衛隊所屬的P－1海上巡邏機，遭韓國「廣開土大王號」驅逐艦（編號DDH-971）以火控雷達照射，時間長達數分鐘。

第四章

台灣的重要性與日俱增

在美中競爭的局勢之下，被中國視為「核心利益」的台灣顯得相形重要。即使是在日本，也有越來越多的人站在經濟、國家安全及政治的觀點上，體認到了台灣的重要性。這個傾向與反日姿態越來越明顯的韓國可說是截然相反，自從文在寅總統上台之後，日韓關係可說是惡化到了無以復加的程度。雖然從日本的國土安全觀點來看，朝鮮半島的重要性極高，但若考量第一島鏈的防衛機制，台灣的重要性與朝鮮半島相比肯定是有過之而無不及。

1 台灣與中國在環繞獨立問題上的攻防戰

台灣是中國最重要的「核心利益」

中國將台灣視為最重要的「核心利益」，絕不承認台灣獨立，也堅決反對各國做出助長台獨風氣的行為。中國國家主席習近平自從上任以來，就一貫堅持著這個原則。二〇一九年一月二日，習近平在呼籲兩岸和平統一的《告台灣同胞書》（一九七九年元旦，由中國全國人民代表大會常務委員會向「台灣同胞」發出）四十週年紀念典禮的演講中，聲稱「祖國必須統一，也必然統一」，甚至向台灣提出了容許「一國兩制」（一個國家有兩種制度）的具體政治訴求。

習近平一方面堅持「和平統一、一國兩制」的基本原則，一方面主張「在台灣的具體實現形式會充分考慮台灣現實情況，會充分吸收兩岸各界意見和建議，會充分照顧到台灣同胞利益和感情」，「台灣同胞的私人財產、宗教信仰、合法權益將得到充分保障」，並且強調在「一個中國」原則基礎上，「願意同台灣各黨派、團體和人士就兩岸政治問題和推進祖國和平統一進程的有關問題開展對話溝通，廣泛交換意見」。然而這樣的主張等於是完全忽視台灣執政黨民主進步黨的存在，直接要求和其他黨派團體對話，引來了民進黨蔡英文總統的強烈反彈。

習近平雖然強調和平統一，卻也主張「不承諾放棄使用武力，保留採取一切必要措施的選項」，並強調對於「外部勢力干涉和台獨分裂分子」不排除使用武力。或許是因為意識到近來美國的川普政府頻頻對蔡英文政府示好，習近平也以「台灣問題是中國的內政，事關中國核心利益和中國人民民族感情，不容任何外來干涉」等語來牽制美國。

在一月四日的中央軍事委員會的會議上，習近平發表演說，更對著軍隊喊話：「我國發展仍處於重要戰略機遇期，同時各種可以預料和難以預料的風險挑戰增多。全軍要正確認識和把握我國安全和發展大勢，強化憂患意識、危機意識、打仗意識，扎扎實實做好軍事鬥爭準備各項工作」。

打從二〇一八年起，美中對立就從貿易摩擦擴大至國土安全問題上。可以想見今後對立只會越來越劇烈，雙方都不可能輕易妥協。中國的專家們也普遍認為，作為中國「核心利益」的台灣及南海的問題，在今後必然會成為衝突的肇因。習近平從年初就表現出不惜動用武力的強硬姿態，明顯是在牽制美國。

美中對立對於習近平在中國國內的權力基礎也會造成影響，可想而知中國不管是採取文攻還是武嚇，未來對台灣的統一壓力必定是只增不減。

蔡英文政府拒絕一國兩制

對於習近平「一國兩制」的具體政治訴求，台灣的蔡英文總統發表談話，堅定表明「我們絕不接受一國兩制」。

蔡英文強調，「絕大多數台灣民意堅決反對一國兩制，這是台灣共識」。至於習近平所提案的「與台灣各黨派、團體對話溝通」，蔡英文則回應「凡是涉及兩岸間的政治協商、談判，都必須經過台灣人民的授權與監督」（意指只有政府才有資格代表台灣與中國談判）。

此外蔡英文也提到了「九二共識」（一九九二年時雙方分別以不同立場認同一個中國原則的共識），她強調「我們始終未接受九二共識，根本原因就是北京當局所定義的九二共識，其實就是一個中國、一國兩制」。蔡英文也強調，雖然「願意坐下來談」，但是「必須以和平對等的方式來處理雙方之間的歧異，而不是用打壓、威嚇，企圖讓台灣人屈服」。

受到注目的二〇二〇年總統選舉

二〇二〇年一月十一日，台灣舉行總統選舉。除了台灣人自己之外，美、日等國也都十分關心這場選舉。最後的結果如同大多數人的預期，蔡英文連任成功。

在這場總統選舉的過程中，不支持兩岸統一的台灣民眾皆抱持著很強的危機意識。主要的原因，就在於香港民眾針對中國共產黨及受其支持的香港特區政府舉行抗議活動，卻受到強力打壓。香港的狀況，對台灣的總統選舉造成了非常大的影響。

這一屆總統選舉的候選人，除了民進黨的現任總統蔡英文之外，還有國民黨的高雄市長韓國瑜，以及親民黨的宋楚瑜。選舉的結果，蔡英文得票數約八百一十七萬票（五七％），韓國瑜得票數約五百五十二萬票（三九％），宋楚瑜得票數約六十一萬票（四％）。同時舉行的立法委員選舉，民進黨也拿到了過半數的六十一席，國民黨為三十八席。

接下來我想談一談這場選舉。首先是關於民進黨候選人蔡英文總統這方面，當初二〇一八年九合一選舉時民進黨大敗，蔡英文辭去民進黨黨主席職務，但還是宣布參選總統連任。當時參與民進黨內部初選的人物還有前行政院長賴清德，但後來由蔡英文獲勝，成為代表民進黨的總統候選人。初期民眾對蔡英文的支持度低於國民黨的總統候選人，但因為香港局勢讓大多數台灣民眾抱持危機意識，導致站在反中國共產黨立場的蔡英文總統支持度逐漸攀升。

在國民黨這方面，曾經贏得高雄市長選舉的韓國瑜最終成為國民黨的總統候選人。國民黨的初選之中，韓國瑜與台灣頗具代表性的ＩＴ企業鴻海集團的董事長郭台銘對決，由韓國瑜勝出。韓國瑜主打強化與中國的交流，以及靠觀光及物流來振興經濟，已經在這些方面與中國建立起了良好的關係。當初在九合一選舉中當選市長的國民黨人士大多支持韓國瑜，中國方面也打出了各項政策在背後力推。在二〇一八年的九合一選舉期間，韓國瑜的民意支持度曾經相當高，但後來受了香港局勢影響而慢慢下滑。

此外出馬角逐總統的還有親民黨的宋楚瑜，但宋楚瑜的支持率很低，對總統選舉的影響相當小，因此這場選舉可視為蔡英文與韓國瑜的對決。

蔡英文政府及軍方都很清楚中國的統戰工作（資訊戰）手法，選舉期間為了不讓中國有機可趁而採取了各項因應對策。但是到了選戰進入尾聲的一月二日，軍令體系最高階級的參謀總長以下共十三人所搭乘的黑鷹直升機（UH-60M）竟然在台北附近的山中墜毀，包含參謀總長在內共有八人死亡。因為這場重大事故，蔡英文的競選活動中斷了三天。發生事故的原因直到如今依然成謎，有人懷疑這是中國某方面操縱所造成的結果。

姑且不談事故的真相為何，蔡英文連任總統成功，來自中國共產黨的壓力必定會比過去更強，需要美、日等民主國家的更多支援。尤其對日本人來說，台灣對於日本的國家安全及南西群島的防衛作戰皆有著極深遠的影響，今後的台灣情勢必然成為日本人的注目焦點。

台灣認同意識的動搖

台灣曾受過日本統治，其後歷經了一段國民黨的獨裁時期，最終實現民主化。台灣就跟日本一樣，是一個秉持自由、人權、法治等基本價值觀的自由民主國家。但是另一方面，台

圖 4-1　台灣人的認同意識

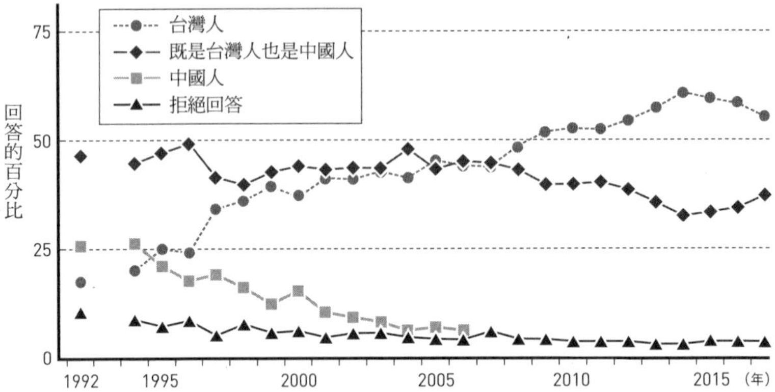

出處：國立政治大學選舉研究中心

灣基於歷史因素，每個台灣人的認同意識都不相同。有些人認為自己是中華民國國民，有些人認為自己是台灣人，也有一些人認為自己是中國人（華人）。這些年來認為自己是台灣人的比例越來越高，尤其是在擁有強大領袖魅力的前總統李登輝實現了台灣民主化之後，台灣年輕族群的現狀肯定及現狀維持心態越來越強，如今認為自己是台灣人的認同意識已經佔了大多數。

不過另一方面，根據《天下雜誌》在二〇一八年一月所發表的國情調查，台灣認同意識出現了十年以來最大的跌幅（二〇一六年為六一・六％，二〇一七年降至五六・四％）。同樣的傾向也出現在二十多歲及三十多歲的年輕族群上（二十至二十九歲由七八・八％降至七二・八％，

三十至三九歲由六六・八%降至五九・〇%）

在同一份調查之中，也揭示了「認為自己既是台灣人也是中國人」的比例從二〇一六年的二八・二%上升至二〇一七年的三四・一%。

關於台獨的輿論動向

以下為行政院大陸委員會（陸委會）在二〇一八年十一月一日所發表的兩岸關係最新民調。

- 在「民眾對統一、獨立或維持現狀的看法」上，「儘快宣布獨立」為八・六%，「維持現狀以後獨立」為一四%，認為兩岸應該在未來慢慢趨向統一的「維持現狀以後統一」為一六%，這三者的比例都是十年以來最高。
- 在兩岸關係上，廣義的「維持現狀」為八三・四%，佔了壓倒性的多數。其中「維持現狀以後再決定」為三一・一%，「永遠維持現狀」為二二・三%。陸委會副主委邱垂正據此表示，「不管是維持現狀以後統一還是獨立，前提都是維持現狀」。

・在「民眾對兩岸交流速度的看法」上，認為「剛剛好」佔了三三・〇％，認為「太快」為一〇・〇％，認為「太慢」為三九・七％。

・認為「中國大陸在政治、外交及軍事上不斷對台灣威嚇打壓，是破壞兩岸現狀及區域和平的行為」佔了七八・三％，也就是有將近八成的民眾認同這一點。

・「不認同中國大陸一再強調『兩岸同屬一個中國』，是兩岸互動及我方國際參與的政治前提」為六八・七％。

・「支持蔡總統主張捍衛中華民國的永續發展，維持台海與區域穩定是台灣人民的最大公約數」為六三・〇％。

・「支持總統提出面對中國大陸打壓，不會升高對抗、不會屈從退讓，不會走向衝突對抗，也不會背離民意的保證」為六二・一％。

・贊成「台灣的未來及兩岸關係發展要由台灣兩千三百萬人決定」為八五・九％，贊成「政府堅持自由民主價值，與理念相近國家合作，共同促進台海及區域和平穩定」為七九・〇％。

從以上的調查結果可以看出，台灣民眾強烈希望維持現狀，大多數民眾反對中國的「一個中國」主張及威嚇、施壓行為，希望與自由、民主等價值觀相近的國家合作，維持區域和平。因此我們可以統整為，「台灣民眾希望在維持現狀之後，由台灣民眾自己決定兩岸關係的未來」。

對中國攏絡政策的警戒心

前述兩岸關係的民調，也公佈了民眾對「中國對台攏絡政策」的反應。中國政府自二〇一八年九月起發行「台灣居民居住證」，提供給在中國就業或就學的台灣人，上頭有十八位數的號碼，就跟中國人的身分證一樣。台灣民眾認為「核發台灣民眾居住證是一種政治統戰」有五五・七％，認為政府應該「修法對申領陸方居住證者採申報登記之作法」有四九・三％，認為應該「強化兩岸相關法令和進行必要管理作為」有七二・五％，此外「贊成」政府所主張的「兩岸交流合作涉民眾權益及公權力，雙方應先溝通互動」有八六・八％。

由此可看出超過一半的台灣民眾都對中國的攏絡政策抱持戒心，而且大部分民眾認為台灣政府應該要強化登記制度及管理。在兩岸交流上，大多數民眾認為政府應該充分溝通確認中國的意圖。

台灣是一個擁有新聞自由的民主國家，關於前述的民眾認同意識及對兩岸關係的看法、中國軟硬兼施的策略，以及政府所應採取的行動等等，民調都是非常重要的指標。正因如此，台灣民眾的輿論走向一直是中國銳實力（sharp power）的主要攻略對象，今後的變化也成為注目的焦點。

中國銳實力的影響

以台灣人自居的認同意識比例降低，有很多可能的因素。杏林大學的渡邊剛教授分析，有可能是中國的「銳實力」對台灣施壓造成了影響。所謂的銳實力，是一種相對於「硬實力」（hard power，指軍事力、經濟力等）及「軟實力」（soft power，指文化、理念、政治的價值觀魅力等）的字眼，其含義是權威主義國家（如俄羅斯及中國）利用假新聞之類的資訊操作手法，及經濟上的依賴關係等進行滲透，意圖對他國造成影響的力量。

中國將銳實力視為是「三戰」（輿論戰、心理戰、法律戰）的延伸，積極加以有效運用。據說打從二〇一七年起，中國就加強了藉由散布假訊息及經濟手法，對台灣社會進行拉攏及離間的力道。例如親中企業「旺旺集團」以七百億日圓（約新台幣二〇四億元）收購了《中國時報》、《工商時報》、《時報周刊》、中天電視台、中視等媒體，並透過這些「紅媒（紅色媒體）」不斷散播親中的消息。二〇一九年六月二十三日，數萬名反對紅媒的群眾走上台北街頭抗議。由此可知中國對媒體的滲透在台灣已經形成相當大的問題。

除此之外，中國還對台灣的中下階層、中小企業、中南部（農村）人士及青少年（以上合稱「三中一青」）推出各種優惠政策，擴大這些族群內的親中派；並以名為「三十一項惠台措施」（二〇一八年二月二十八日）的台灣企業優惠政策吸引台灣的企業轉移至大陸或至大陸投資，製造出海峽兩岸的和睦氛圍，其影響力不容小覷。

此外中國也派遣留學生至台灣，就讀因少子化而經營困難的台灣各大學，並獎勵中國人移居台灣或與台灣人通婚（目前台灣約有八十萬名男性娶了中國籍配偶）。這些中國出身者越來越多，據說在某些地區已開始展現其政治影響力。

由於台灣是一個民主國家，在資訊控管及媒體限制上的法規較為寬鬆，因此面對中國的「銳實力」攻勢幾乎沒有抵抗能力。再加上台灣民眾的認同意識並不一致，很容易受到離間。在經濟上對中國的依賴度也相當高（輸出國家約四成為中國，輸入貨品約兩成來自中國，兩者皆名列第一），許多民眾對中國經濟抱持著極高的期待。尤其是年輕族群（十八至二九歲），有超過六成希望大陸蓬勃發展，並有超過四成認為「中國是友善的」。此外由於中國與台灣之間存在著「漢族」、「中華文明」、「中文」等共通元素，使得中國的「銳實力」挾帶著強大的親和力，更是讓台灣民眾難以抵抗。

蔡英文為了重新建構台灣人的認同意識，開始嘗試修正歷史觀，改變台灣社會的定位（將台灣社會定義為多元移民社會），並且靠著大幅修訂教科書降低中國元素的重要性。然而效果並不明顯，反而加劇了民進黨與國民黨之間的對立。看不見效益的政策及政治鬥爭，也引來了民眾對政府的不滿，以上這些都是造成二〇一八年九合一選舉民進黨挫敗的原因。

受到中國銳實力影響極深的金門

筆者（渡部）曾經在二〇一九年八月二十二日至二十三日造訪金門。這原本是台灣某團體所舉辦的國際會議的附帶行程，但八月二十三日剛好是「金門砲戰」（一九五八年八月二十三日，中共自中國本土對金門發動的砲戰）六十一週年紀念日。台灣的軍隊不僅在金門砲戰中守住了金門，而且若將歷史往回推，台灣的軍隊在一九四九年也曾經在金門擊退解放軍（古寧頭戰役）。換句話說，金門抵擋住了兩次來自中國本土的攻勢，可說是台灣防衛史上的勝利之島。

然而如今的金門，卻受到中國銳實力相當大的影響。金門的觀光景點大刺刺地掛著毛澤東的肖像畫，最熱鬧的街道上有些店家懸掛中國的「五星紅旗」，有些店家懸掛台灣的「青天白日滿地紅旗」，整條街道被「中國派」及「台灣派」一分為二。

不僅如此，而且自二〇一八年八月之後，金門與中國本土的福建省連接起了水管線，金門居民可以獲得來自福建省的供水。這是親中派的馬英九在擔任總統期間訂下的政策。除了供水之外，未來還預計將會供電及造橋，可以想見今後金門受中國的影響將會更大。然而當時跟我同行的台灣教授斬釘截鐵地說：「其實金門只要有心，水

金門的觀光景點有著毛澤東的肖像畫。

跟電都可以自給自足。」

除此之外，馬英九還將當初為了提防中國進攻而設置的陣地改建成和平紀念園區，開放給觀光客參觀。此時陣地裡已沒有駐軍，可以想見當發生戰爭時，金門的應戰能力必定會大幅下降。光從這幾點，就可以明顯看出馬英九的親中派本質。

從以上這些現象，我們可以說中國所追求的「不戰而勝」已經逐漸在金門島上實現。

國家安全上的隱憂及美國、日本的支援

台灣對中國的銳實力缺乏抵抗力，是一個很難克服的問題。要解決這個問題，基本上只能由台灣人自己強化台灣的認同意識。另外還有一個讓台灣難以招架的巨大衝擊，則是「國家安全上的隱憂」這個外在因素。中國長期以來一貫維持著強化軍事力的做法，已經讓台灣與中國的軍事實力差距越來越大，海峽兩岸的軍事力量完全失衡。

習近平政府不斷進行著對台灣的「文攻武嚇」，在台灣周圍舉行軍事演習，派遣軍機繞行台灣，同時強迫和台灣有邦交的國家與台灣斷交，在國際上孤立台灣，等於是對台灣同時施加軍事壓力及外交壓力。根據前述渡邊剛教授的分析，由於台灣民眾皆承受著來自中國的

軍事及外交壓力，因此對美國的保護及支援所產生的期望或失望，會對台灣民眾的對中態度造成非常深遠的影響。說得明白一點，「對美方支援的失望感越強，就越有可能迎合中國；相反地，期待感越強，則越不會屈服於中國的壓力」。因此只要美國願意協防台灣，提供台灣各種軍事保障及支援，就能夠強化台灣對中國銳實力的抵抗能力。

從日本的角度來看，透過日美同盟維護亞洲太平洋的和平與安定，對日本的國家利益是有所幫助的。因此日本有必要介入台灣的存續問題及維持台灣海峽的安定。光是明確傳達日本的立場，就能夠讓台灣人感到安心不少。若能藉由日美同盟提供具體的協助，更是有助於提升台灣人的抵抗能力。為了對抗中國的軍事野心，美日台應該要攜手合作，強化第一島鏈的防衛體制。我們應該要深刻理解，這麼做有助於補強台灣人在台灣認同意識上的脆弱性。

台灣的防衛體制：自主防衛戰略的限度與新的威脅「混合戰爭」

●日本的《平成三十年版防衛白皮書》中提及的台灣

平成三十（二〇一八）年版的日本《防衛白皮書》中，對於台灣有一些簡單的描述。以下簡單彙整日本所認知的台灣防衛體制中的要點。

・中國經常強調絕不容許外國勢力干涉兩岸統一及追求台獨的舉動，因此不承諾放棄行使武力。在二〇〇五年三月所制訂的《反國家分裂法》之中，明文規定了不放棄行使武力。蔡英文上台之後，中國對外宣稱兩岸的交流已經停止。

・台灣提出的軍事戰略是「防衛固守，重層嚇阻」，標榜「專業的軍隊編制」及「情報、通訊、電子戰能力的強化」。二〇一七年十二月，蔡英文政府首次公布《國防報告書》，報告書中將過去的「灘岸決勝（在海岸分出勝負）」戰術理念，變更為「戰力防護（整個作戰的過程盡可能保存戰力不遭敵人摧毀）」、「濱海決勝（在近海處嘗試摧毀敵方艦艇）」及「灘岸殲敵（在海岸上殲滅敵方登陸部隊）」，並首次聲稱與美國的軍事合作「在質與量上均有實質進展」。

・關於兩岸軍事力量差距，台灣的二〇一七年版《國防報告書》中指出，中國的軍事實力快速成長，在軍隊改革、聯合作戰、武器開發及海外基地建設等各方面均有大幅度的進展，「造成我國防安全嚴峻威脅」。整體的局勢正變得對中國越來越有利，而且差距年年增大。今後有必要高度關注兩岸軍事實力的強化狀況、美國對台軍售狀況、台灣主力裝備自主研發狀況等等（參照下一頁圖4-2「台灣與中國的兵力比較」）。

圖 4-2　台灣與中國的兵力比較

		中國	（參考）台灣
總兵力		約 200 萬人	約 22 萬人
陸地戰力	地面兵力	約 98 萬人	約 13 萬人
	戰車等	99/A 型、98A 型、96/A 型、88A/B 型等 約 7,400 輛	M60A、M48A/H 等 約 1,200 輛
海上戰力	艦艇（排水量）	約 750 艘（178.7 萬噸）	約 390 艘（20.5 萬噸）
	航空母艦、驅逐艦、巡防艦	約 80 艘	約 20 艘
	潛艦	約 70 艘	4 艘
	海軍陸戰隊	約 1.5 萬人	約 1 萬人
航空戰力	作戰機	約 2,850 架	約 500 架
	現代化戰鬥機	J-10×370 架 Su-27/J-11×329 架 Su-30×97 架 Su-35×14 架 J-15×20 架 J-16×16 架 J-20×6 架（測試中）* （第四、五代戰鬥機　合計 852 架）	幻象 2000×55 架 F-16×144 架 F-CK-1×128 架 （第四代戰鬥機　合計 327 架）
參考	人口	約 13 億 9 千萬人	約 2 千 4 百萬人
	兵役	2 年	1 年 （1994 年之後出生者為 4 個月）

出處：日本《平成三十年版防衛白皮書》

* 編註：J-20 至二〇二二年三月為止，數量保守估計已經超出二十架。

一旦台海發生衝突，不僅是先島群島（註一），就連包含沖繩本島在內的南西群島，也會成為中國、台灣、美國之間軍事衝突的戰場。屆時就算中國沒有攻擊日本，對日本來說絕對是一場影響國家存亡的重大事件。對於重要當事國台灣的局勢，只是「高度關注」是不夠的。為了獲得日本國民的理解與支持，日本的《防衛白皮書》應該明確寫下兩岸衝突與日本國家利益的關係，並且在日美同盟協防台灣及日本獨自協防台灣的前提下，對於台灣的防衛體制作出更加詳盡的分析與評價。

●台灣二〇一九年版《國防報告書》中公布的防衛戰略

依據台灣的《國防法》的規定，政府每隔兩年都必須提出《國防報告書》及《四年期國防總檢討》（QDR）。因此在蔡英文上台之後，二〇一七年三月公布了《四年期國防總檢討》，二〇一七年十二月公布了《國防報告書》。

《四年期國防總檢討》所記載的內容，是新政府對前任政府的國防政策及軍事戰略進行總檢討之後的結果。二〇一七年三月公布的《四年期國防總檢討》中的〈第二章 戰略指導〉提出了五項國防戰略目標，分別為（一）防衛國家安全、（二）建制專業國軍、（三）落實國防自主、（四）維護人民福祉、（五）促進區域穩定。

蔡英文政府的防衛政策與軍事戰略，則公布於二〇一九年九月的《國防報告書》中。二〇一九年版《國防報告書》也跟《四年期國防總檢討》一樣，載明了五項戰略目標。在軍事戰略方面，採用的則是（一）防衛固守，確保國土安全、（二）重層嚇阻，發揮聯合戰力（註二）。

另外並列出了三項防衛構想為（一）戰力防護（整個作戰的過程盡可能保存戰力不遭敵人摧毀）、（二）濱海決勝（在近海處嘗試摧毀敵方艦艇），及（三）灘岸殲敵（在海岸上殲滅敵方登陸部隊）。作戰目標為發揮陸海空軍的聯合戰力，「阻敵登島進犯」。

這樣的戰略乍看之下似乎可以對付來自各領

圖 4-3　台灣的防衛構想

出處：台灣 2019 年版《國防報告書》

域的中國軍事威脅，但是我必須老實說，「光靠台灣的力量是絕對不夠的」。

台灣的軍界人士和我們交換意見時，指出台灣軍隊最大規模的聯合操演「漢光演習」的基本模擬劇情，前三個月是要單獨阻擋來自中國的武力侵略。「台美雙方並沒有任何條約保障台灣一定能接受美國的軍事援助，倘若在美軍介入之前，還要經過國會的同意，一定會花上不少時間，因此我們只能以自主防禦為基本方向，」該軍界人士如此解釋。

台灣的《國防報告書》並沒有提到任何關於核武威脅的內容。自從進入二十一世紀之後，台灣的政府相關人士就在反核政策上明確表態，提出「核武的五個不（不研發、不製造、不擁有、不囤積、不使用）」。在與前述的台灣軍界人士交換意見時，我們詢問台灣如何抵抗來自中國的核武威脅，對方的回答是，「我們並不預設中國會對台灣使用核武」。或許這是因為台灣的軍方也受了政府反核政策的影響，所以打從一開始就把核武排除在外，但是台灣是個小小的島國，大小只相當於日本的九州，如果真的遭受核武攻擊，下場很可能是整個國家滅亡。因此我們不能排除中國共產黨為了維護其尊嚴，而使用核武進行恫嚇的可能性。如果拿相關的核武問題來詢問美國人，例如，「是否願意為了保護台北而犧牲紐約」，或「是否願意為了保護台灣而率先使用核武」，相信美國人也會很難回答，但無論如何不能對承受風險的台灣置之不理。

何況近年來北韓已逐漸成為實質上的核武擁有國，美國在退出《中程飛彈條約》之後，將如何看待包含中國在內的國際核武管理問題，值得日本密切關注。就這層意義上而言，美日台三方必須針對包含台灣在內的東亞地區的核武遏止、管理及限縮問題取得共識才行。

2 美國眼中的台灣

川普政府裡聚集了許多反中親台的人士，形成了一股遏止中國侵台的力量。

《印太戰略報告》中的台灣

關於台灣在美國眼中的重要性，美國國防部在《印太戰略報告》中曾提到「維持住奠基在規範之上的國際秩序，對美國來說是攸關生死的利益問題。從這個觀點來看，我們希望台灣能夠強盛、繁榮且民主」，「由於中國持續對台灣施壓，美國與台灣之間的夥伴關係可說是極為重要。為了維護印太地區的安全與安定，我們將會誠實履行《台灣關係法》。」

關於台海衝突，《印太戰略報告》中指出，「中國雖然聲稱會和平統一台灣，但他們並沒有放棄行使軍事力量，他們依然在持續研發及部署今後的軍事行動所需要的高度軍事力量」，「當台海發生衝突，解放軍可能會阻止台灣獨立，或在必要的情況下強迫台灣放棄獨立，因此我方在軍事方面的介入極為重要。解放軍一方面企圖以武力統一台灣，一方面不容許任何第三方勢力介入保護台灣。為了向台灣施加各種壓力，中國增加了在台灣周邊進行空軍遠洋巡航演習，以及在東海進行海軍演習的次數」，由此可看出美軍也明白軍事介入的重要性。

關於美國對台灣問題的介入，報告中則指出，「我們介入防衛台灣的目的，在於確保台灣能夠在安全、擁有自信、不受強迫、和平且具建設性的情況下，與中國本土進行往來」，「為了讓台灣維持充分的自衛能力，美國國防部保證將提供必要數量的物資及技術服務」。

川普政府不同於過去的美國政府，經常表態將會積極介入台灣問題，《印太戰略報告》中也明確表明將會支持台灣。

不安定的台美合作架構：美國的國內法《台灣關係法》的重要性及其極限

《台灣關係法》的誕生

一九七一年，美國突然發布「尼克森訪中宣言」（這就是後人所稱的「尼克森衝擊」），其後聯合國大會通過第二七五八號決議，台灣退出聯合國，日本與美國恢復與中國的正常關係。在這個時期，美國與中國達成了以下三點共識。

・美國認知中國所提出「台灣為中國一部分」的主張，並且不提出異議。
・美國政府再度表達對中國人自行和平解決台灣問題的關心。
・基於上述的未來展望，美國政府將漸進式地撤除駐台軍隊，目標是撤離所有駐台美軍及軍事設施。

值得一提的是美中兩國正式恢復正常邦交，是在一九七九年由美國總統卡特與鄧小平所促成。其結果造成美國與台灣的中華民國政府斷交，《中美共同防禦條約》（Sino-American Mutual Defense Treaty）也在一九八〇年失效。美國國會為了避免給人拋棄台灣的印象，再加上為了防止中共對台灣動武，因此另外制訂了《台灣關係法》，這套法律的主要內容包含以下四點，並且明文規定將會繼續負起「保護台灣」的責任。

- ・美國決定和「中華人民共和國」建立外交關係之舉，是基於台灣的前途將以和平方式決定這一期望。
- ・任何企圖以非和平方式來決定台灣的前途之舉，將被視為對西太平洋地區和平及安定的威脅，而為美國所嚴重關切。
- ・美國將提供防禦性武器給台灣人民。
- ・維持美國的能力，以抵抗任何訴諸武力、或使用其他方式高壓手段，而危及台灣人民安全及社會經濟制度的行動。

●《台灣關係法》的要點與問題

台灣關係法自第五條以下，從標題也可以看得出來，都只是一些事務性質的規定。這套法的要點可歸納成以下三點。

・美國決定和「中華人民共和國」建立外交關係之舉，是基於台灣的前途將以和平方式決定這一期望。在實現之前，美國與台灣的關係，在實效上幾乎等同於美國和（美國在一九七九年一月一日之前承認為中華民國的）台灣當局的關係。

・任何企圖以非和平方式來決定台灣的前途之舉，包括使用經濟抵制及禁運手段在內，將被視為對西太平洋地區和平及安定的威脅，而為美國所嚴重關切。美國將維持其能力，以抵抗任何訴諸武力、或使用其他方式高壓手段，而危及台灣人民安全及社會經濟制度的行動。

・美國總統和國會將依據他們對台灣防衛需要的判斷，提供台灣數量足以使其維持足夠的自衛能力的防衛物資及技術服務。

只要跟《美日安保條約》稍微比較一下，就可以看得出來《台灣關係法》的內容有多大的侷限性。當中雖然聲稱，「任何企圖以非和平方式來決定台灣的前途之舉，都會為美國所嚴重關切」，但並沒有明言「美國會加以阻止」，只規定了「美國將維持足以抵抗犯台武力的能力」。前外交官岡本行夫曾在某一場講座上提到，「不管台灣有沒有宣布獨立，如果中國攻擊台灣，美國約有七成的機率會介入」。七成這個數字，聽說是岡本在與各方人士交換意見之後，依著他自己的直覺所推算出來的。如果中國也同樣認為「美國只有七成的機率會介入」，中國眼中攻打台灣的風險就會大幅下降。總而言之，我們不得不說《台灣關係法》那受到侷限的內容，很可能會引發美中雙方的誤判或誤解。

不僅如此，從《台灣關係法》的條文看來，該法並不反對中國以和平手段統一台灣，甚至可以說是頗為贊成。在這樣的狀況下，中國可能會將他們的三戰戰略及混合戰巧妙包裝成和平手段。雖然目前大部分的台灣民眾都堅決反對「一國兩制」，但隨著對中國的經濟依賴度越來越高，台灣的民意也有可能發生變化。一旦兩岸統一，共產黨一定會逐漸加強箝制的力道，這一點從香港的前車之鑑就可以看得出來。為了避免這種灰色地帶的攻防戰，美國應該要毅然決然地作出明確的保證。

川普政府的台灣政策

二〇一六年十二月二日，成功當選美國總統的川普，與台灣總統蔡英文通了一通電話。

雖然交談時間只有短短十分鐘，但這是台美斷交以來第一次未上任的美國總統勝選人與台灣總統直接對話，帶給了全世界相當大的衝擊。同月十一日，川普在接受「福斯新聞網」（FOX News）專訪的時候，更說出「我不會被歷任總統所堅持的『一個中國』原則所束縛」的驚人之語，在上任之前就表現出了明確的親台立場。二〇一七年二月，川普總統在上任後首次與中國國家主席習近平通電話，川普在電話中表示「我尊重中國與台灣為不可分割的『一個中國』原則」。但其後從美國支持台灣的舉動，以及《國家安全戰略報告》（二〇一七年十二月）中的對中戰略，甚至是美國副總統彭斯在二〇一八年十月的演講中所說出的全面反中宣言，皆可明顯看出川普政府的親台政策。

川普政府關於台灣的重要施政如下。

・二〇一七年十二月，獲得川普總統簽核的二〇一八會計年度《國防授權法案》（National Defense Authorization Act, NDAA）中，提議讓美國船艦在高雄等台灣港口定期靠港，並且讓美國駐太平洋司令部接納台灣船艦的入港及停泊請求。

・二〇一八年三月十六日，《台灣旅行法》（Taiwan Travel Act）獲得川普總統簽字通過。該法案規定包含所有閣員在內的台美高官交流，「應該被視為美國政府的政策」。這項法案是由議員所提出，二月底之前就在參眾議院一致表決通過，就算沒有總統的簽字，法案也會自動生效。但川普總統還是在法案上簽名，以表達自己對法案的支持。

・二〇一八年六月十二日，美國在台灣的代表機關「美國在台協會」（AIT）舉行台北辦事處新館落成典禮，美國派遣國務院主管教育與文化事務的助理國務卿瑪麗・羅伊斯（Marie Royce），以及議員哈博（Gregg Harper）出席，台灣總統蔡英文也在典禮上致詞。

・二〇一八年八月十三日，川普總統在二〇一九會計年度《國防授權法案》上簽名。該法案中的第一二五七條提議增強台灣的軍事實力，並向美國國防部長要求對台灣的軍隊及後備軍人提出適當的評估及建議。

此外，也要求國防部長在法案公布之後的一年之內與國務卿進行討論，針對台灣軍事力量的評估向國會的相關委員會提出報告。該法案的第一二五九條，更載明美國國會建議強化美國與台灣在國防及安全保障上的合作關係。此外也提議美國應該全力支持台灣自外國採購防御性武器，並且應該提升美國供應武器給台灣的可行性。另外還有增加與台灣進行實地訓練與軍事訓練的機會，以及促進台美雙方國防方面高官基於《台灣旅行法》積極互相交流等詞句。

《亞洲再保證倡議法案》（ARIA）

二〇一八年十二月三十一日，美國通過了《亞洲再保證倡議法案》（ARIA, Asia Reassurance Initiative Act）。法案中的第二〇九條以「對台灣的承諾」為題，內容包含了以下規定。

（a）對台灣作出承諾是美國的政策

①為美國與台灣之間緊密的經濟、政治及安全保障上的關係提供支援。

②依循一九七九年的《台灣關係法》、中美三個聯合公報[1]及一九八二年七月由美國總

1 原註：三個聯合公報分別為一九七二年的《上海公報》（內容為美中恢復交流）、一九七五年的《中美建交公報》，以及一九八二年的《八一七公報》（內容為關於美國對台軍售）。

統雷根所作出的六項保證，美國會忠實地履行所有對台灣的承諾。

③反對變更現狀，協助海峽兩岸尋找雙方皆可接受的和平解決方式。

（b）對台灣販售武器

美國總統應該實施將為了提防來自中華人民共和國的現在及將來的威脅而準備好的防衛裝備品定期移轉給台灣。其中包含針對台灣致力於發展不對稱（避開對手的強項，攻擊對手的弱點）能力，美方所能提供的支援。另外也包含視必要性對台灣軍隊提供具備機動性及生存性且性能價格比高的能力。

（c）出訪

美國總統應依循《台灣旅行法》，鼓勵美國的高官拜訪台灣。

●雷根總統的六項保證及《亞洲再保證倡議法案》

《亞洲再保證倡議法案》的內容，幾乎與過去美國政府所採取的政策完全相同，其最大意義是將雷根總統的六項保證納入了法條之中。法案一公布，立即引來了中國的強烈反彈。當初雷根雖然放棄了與台灣恢復正式邦交，但在當選總統後依然維持著親台立場，在一九八二年對台灣提出了「六項保證」。

（一）美國不同意對台軍售設定期限。
（二）美國對台軍售之前不會徵詢中國的意見。
（三）美國並不會扮演在中國與台灣之間進行仲裁的角色。
（四）美國不會同意修改《台灣關係法》。
（五）美國對台灣主權的立場不會改變。
（六）美國不會施加壓力要求台灣與中國進行談判。

蔡英文總統在二〇一八年八月出訪與中華民國（台灣）有正式邦交的巴拉圭及貝里斯，去程過境美國洛杉磯，返程過境休士頓。為了轉機而停留洛杉磯的時間裡，蔡總統在當地時間十三日上午參觀雷根總統圖書館，在館內所陳設的柏林圍牆遺址前首次對著記者們發表談話。蔡總統表示，雷根總統在任時對台灣主張的「六項承諾」，到現在都還是美國對台政策的重要基礎，也奠定了美國跟台灣之間的關係。她並引用雷根所說過的，「任何事情都是可以談的，除了我們的自由及未來是不能被妥協的」這句話，指出「這也是台灣人在此時此刻的心情」。

川普政府的武器供應

美國國務院在二〇一九年七月八日承諾販售一〇八輛M1A2T「艾布蘭」戰車及二五〇枚「刺針」肩射式防空飛彈給台灣，總金額為二十二億美元（約新台幣六八五億元），台灣總統府為此向美方表達「最深的謝意」。另一方面，中國則提出「強烈不滿與堅決反對」，要求「立即撤銷此決定」。

除此之外，美國川普政府又在八月二十日向國會提出同意販售F-16V戰機給台灣的方案。這六十六架F-16戰機（總金額八十億美元，約新台幣二千五百億元）如果真的能夠順利賣給台灣，必定能夠大幅提升台灣的國防戰力。這近年少見的對台巨額軍售，也意味著美國政府在台灣的總統選舉上支持蔡英文，其意義可說是相當重大。

圖 4-4　兩岸現代化戰鬥機的數量變化

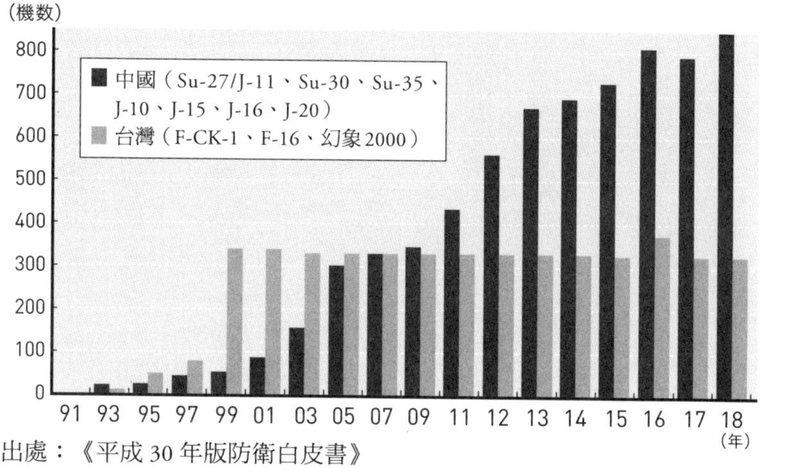

出處：《平成 30 年版防衛白皮書》

但是另一方面，美方並沒有答應販售台灣政府最希望購買的最新型戰機（F－35）及潛艦。針對這一點，《華爾街日報》在二〇一八年九月十二日的社論中批評，「美國政府並沒有依照《台灣關係法》的規定，提供給台灣自衛所需的充分武器」，這樣的指責可說是一針見血。

站在美國的立場來看，提供武器給台灣可能會導致美中爆發軍事衝突，再加上可能會有機密技術外洩的問題，導致美國的軍事機密技術遭中國竊取，這些都是讓美國感到憂心的因素。

淡江大學的黃介正副教授在二〇一八年十一月六日於《日本經濟新聞》上指出，「美國可能擔心其高科技技術，會因為與台灣進行軍事合作而外洩至中國」。當初國民黨的馬英九政府時代，中國與台灣的關係良好，中國間諜潛入台灣軍隊偷竊美軍武器技術的風險提高，就從那個時期開始，美國對台軍售出現了一道障礙。

整體空中及飛彈防禦（IAMD）構想[2]與台灣的樂山雷達

●什麼是IAMD？

IAMD（Integrated Air and Missile Defence）是美軍的整體空中及飛彈防禦構想，與印太地區的防衛（尤其是日本的防衛）有著相當密切的關係。IAMD所要防禦的對象，包含了洲際彈道飛彈（ICBM）及其他彈道飛彈、巡弋飛彈、載人及無人航空器、短程火箭彈、野戰砲彈、迫擊砲彈等。

IAMD的目的，是要抵擋敵人的空中及飛彈戰力，保衛美國本土及美國國家利益，守護聯合部隊，使其能夠自由行動。所謂的IAMD，是結合了可以達成上述目的的諸般能力及重層諸般作戰的防衛構想。此處所指的「重層諸般作戰」包含以下三種作戰。

（一）攻擊敵方策源地[3]的作戰。藉由防患未然的方式使敵方飛機或飛彈喪失攻擊能力的作戰。又稱作「主動抑制發射」（left-of-launch）作戰。

（二）在敵方飛機或飛彈開始攻擊後，將其破壞的作戰。如防空作戰或飛彈防衛作戰之類的積極防衛（active defense）作戰。又稱作「被動防禦發射」（right-of-launch）作戰。

（三）在遭受攻擊之後，盡可能將對友軍的影響降至最低的作戰。例如利用偽裝或提高拮抗力（藉由工程結構提升對攻擊的耐受能力）來降低損害的消極防衛（passive defense）作戰。

美國在各個地區的聯軍，會依照負責區域及任務特性的不同，計畫及實施不同型態的ＩＡＭＤ。例如美國的印度太平洋司令部，為了對抗中國的Ａ２／ＡＤ作戰，會以「維持

2　原註：防衛研究所針對美國的ＩＡＭＤ（整體空中及飛彈防禦）的相關規劃。

3　原註：一般來說，策源地指的是對前線的作戰部隊提供補給的後勤基地。但在本書之中，也包含了攻擊本軍的武器所在位置。

利用前沿部署戰力的彈道飛彈防衛陣容」作為IAMD的優先原則，因此會特別注重於在關島及韓國建立的「薩德」終端高空防禦飛彈（Terminal High Altitude Area Defense，THAAD）系統及部署最先進的神盾艦。這些系統將來必定會與日本的神盾艦、陸基神盾系統（Aegis Ashore），及位於台灣樂山的巨大雷達建立連線。

●位於樂山的巨大雷達

樂山是位於台灣的一座標高兩千五百公尺級的高山，其山頂矗立著巨大的雷達系統。這座雷達系統是以「鋪路爪」（PAVE PAWS）長程預警雷達系統為基礎所打造。「鋪路爪」長程預警雷達原本是美國為了及時偵測任何發射向美國本土的戰略彈道飛彈而研發的雷達系統，擁有兩面直徑超過三十公尺的天線。性能經過改良，除了彈道飛彈之外，巡弋飛彈、飛機也都捕捉得到，據說偵測距離超過三千五百公里。

圖 4-5　位於樂山的巨大雷達

出處：https://wired.jp/2013/03/11/taiwan-radar/

日本富士電視台新聞局高級解說委員能勢伸之指出，樂山雷達不僅能監視兩千公里範圍內的整個南海，就連從中國本土發射的ＩＣＢＭ（洲際彈道飛彈）也能捕捉得到。它就像是「盯著戰略彈道飛彈的眼睛」，對美國國防當局而言，在美國本土的防衛上也具有舉足輕重的意義。

能勢接著又強調，一旦這座雷達遭到破壞，美國將會失去「眼睛」，沒有辦法監控朝美國本土發射的戰略彈道飛彈。美國如果要保護這隻「眼睛」，勢必要保衛台灣。由此可知，防衛台灣與防衛美、日本土有著密不可分的關係，武器的部署及Ｃ４ＩＳＲ（指管通電資監偵）的相互配合更顯得重要[4]。

從台灣的樂山雷達站這個典型的例子，就可看出台灣也是美國印太司令部整體空中及飛彈防禦（ＩＡＭＤ）構想的重要成員，當然與美、日雙方的ＩＡＭＤ都有著密切的關聯性。為了進行聯合作戰，必須在台灣的參與之下提升Ｃ４ＩＳＲ的互通性。美、日雙方正以既有的ＢＭＤ（彈道飛彈防衛）系統為基礎，共同進行著指揮管制關係及資訊共用方針的研究，

4 原註：https://www.fnn.jp/posts/00374590HDK。

一旦台海發生狀況時，美、日雙方將能夠掌握足夠的資料，實現與台灣的C4ISR互通。

3 日本眼中的台灣

緊密的台日關係

日本與台灣雖然沒有正式的邦交，但是相互之間的友好程度非常高，在貿易、觀光及文化上的實質交流非常活躍。這應該是因為台日雙方有著民主、自由、尊重基本人權、法治等共通價值觀，在社會道德及禮儀規矩上也能夠互相理解的關係。除此之外，日本的動畫、料理之類文化上的軟實力也提升了台灣民眾對日本人的好感。

日本及台灣都屬於地震、颱風等天災較多的國家，日本發生東北大地震的時候，來自台灣政府機關、個人及慈善團體的捐款高達兩百五十三億日圓（依當時匯率約為新台幣七十三億元）。去年（二〇一八年）二月台灣花蓮大地震，日本也捐給花蓮縣超過二億七千萬日圓（依當時匯率約為新台幣七千四百八十萬元）。對災區的相互支援，已經成為台日之間的默契。

另外台日之間的經濟關係也相當良好，二〇一五年的貿易額為五百八十億美元，站在台灣的角度是第三名，站在日本的角度是第四名。近年來台灣在經濟方面也積極參與國際組織，例如與沒有邦交的紐西蘭、新加坡簽訂自由貿易協定（Free Trade Agreement, FTA），並宣布在八年之內加入跨太平洋夥伴關係協定（Trans-Pacific Partnership Agreement, TPP），日本也表示歡迎。

跟現在的中國相比，日本的對台灣貿易總額雖然只有對中國貿易總額的一半左右，但從收支的角度來看，對中國貿易為大幅入超（虧損），而對台灣貿易則為大幅出超（獲利）。

在政治方面，台灣的民進黨在二〇一六年的總統大選中獲勝，成為第一大黨，誕生了蔡英文政府。蔡英文雖然表示「兩岸關係將維持現狀」，但明顯與中國拉開了距離，親日的立場更加明顯。例如從前的馬英九政府會定期派遣海巡署船隻在沖之鳥水域巡邏，蔡英文上任後取消了這個做法，正是對日本的友善舉動。

近來美國也改變了對中國的戰略，在政策上明顯向台灣釋出善意。在這樣的局勢之下，我們應該儘早促成台日之間的「自由貿易協定」，讓台日的經濟關係能夠更加緊密。除此之外，還應該積極推動對台灣的各種支援，在過程中設法為台日之間存在的領土、海洋權益問題找出解決之道。

在國家安全方面，日本與台灣都面臨著來自中國的威脅。從日本防衛的角度來看，台灣在地緣政治上的重要性絕對不容小覷。日本應該要與美國配合，採取抑制中國經濟的政策。

經由以上數點可以推導出的結論為，「日本應該慎思對中戰略，重新檢視與台灣的關係」。我認為日本已經進入了在戰略的構想上，應該認真思考我們過去幾乎不曾在意的台日合作關係的階段。台灣對日本的國防安全有著極其重要的意義，而且台日面對著共同的威脅，在關係上已接近命運共同體。

台灣如今正面臨來自中國的高度威脅，正在全力更新其防衛性武力裝備，美國也明白此現狀，採取了多項對台灣有利的措施。如今台灣正需要日本的支援，從環境安全保障來看，台灣的軍事實力越強大，對日本越有利。在對方真正需要的時候提供適時的支援，才能發揮支援的最大效益，一旦錯過了最佳時機，效果就會大減，而現在正是最佳時機。

為了締結真正的信賴關係

台灣如今制訂了新的國防政策，正企圖大幅強化其防衛能力。但評估台灣目前的能力，該計畫明顯過於不切實際。因此台灣需要各國的援助，而台灣與日本在地緣政治上有著密不可分的關聯性，日本正處在最適合提供支援的位置上。當然支援台灣必定會引來中國的強烈反彈，日本若是單獨進行，恐怕能夠提供的支援相當有限。因此支援的具體內容及時間，日本應該先與美國祕密協議，在達成共識後才採取行動。

美國針對台灣問題已經通過了二〇一八會計年度的《國防授權法案》及《台灣旅行法》，除了對台灣參與軍事演習及訓練、官員交流及防衛交流予以解禁之外，也強化了對台灣的軍事支援。可以看出美國已經有所覺悟，將會一方面在某種程度上安撫中國的情緒，一方面無視中國的反對，對台灣提供明確的支援。

日本也應該利用這個機會，經由美國輾轉向台灣提供軍事支援。例如防衛裝備、防衛技術等等，先輸出至美國，再默許美國將該裝備轉運至台灣。當然這樣的行為必須在日本政府的監督之下，透過民間團體交流的方式進行，避免在國際上引起關注。不過就算引發中國的強烈抗議，日本也要有所覺悟，不能輕易退縮。

此外作為軍事支援的環節之一，應該還要提供關於部隊運用上的支援。例如台、日雙方可以個別參加由美國所實施的兵推或多國實戰聯合演習，等於是在美國的主導下，整合雙方的作戰思想及部隊運用方式，並且階段性地實施各種訓練。如果亞洲地區發生大規模災害，也可以趁著人道支援行動的機會，讓美日台三方人員在鄰近的區域內活動，如此一來就能有機會驗證過去的訓練成果。

在防衛相關人員的人事交流上，也同樣有實施的策略。其實在歷史上，台灣在初期一直接受著日本的軍事支援，簽訂《中日和約》(註三)後也經常實施防衛交流，因此台灣一直渴望能夠恢復像這樣的交流與支援。例如二〇一八年十月，台灣的外交部長吳釗燮接受中央通訊社專訪，指出台日同樣面對來自中國的威脅，有必要進行國家安全情報的交換及防衛對話。過去日本每當接收到台灣所發出類似這樣的支援請求，都會以雙方沒有邦交為理由敷衍過去。日本這種應對方式，必定會引來台灣方面的不信任感，台灣可能會逐漸不再對日本抱持期待。為了因應今後逐漸增強的中國威脅，我認為如今日本有必要認真評估對台灣提供軍事支援的問題。

以上我所談的都是如何支援台灣的策略，但如今中國必然已在台灣內部建立起強大的諜報網，考量到這一點，日本在對台灣提供技術及軍事情報時，務必要做好保密的工作。

另外還有一點必須提及，那就是從台灣的角度來看，日本有過背叛台灣的不良歷史紀錄。日本在一九七二年發表《中日聯合聲明》（註四）之後，即宣布終止日本與台灣簽訂的《中日和約》。這雖然是受美中交流正常化的大勢所趨，但單方面切斷了與台灣的往來是不爭的事實。對於日本這樣的做法，當時的台灣外交部雖然一方面提出譴責，另一方面卻希望能夠與日本繼續維持民間交流。正因如此，台日之間才能一直維持著非官方的實務關係。如果站在台灣的立場比較日本與美國，相較於願意制訂《台灣關係法》這套國內法來保障台灣安全的美國，台灣對日本雖然也抱持著相當大的期待，卻也有著臨危之際不能信賴日本的擔憂。

在台灣軍隊與日本自衛隊的交流與合作方面，同樣是日本自衛隊經常單方面漠視來自台灣的熱情邀約。

正如同前文所說的，中國對台灣施加的統一壓力，正處於過去不曾有過的高點。日本應該立刻修正台日之間這種任憑台灣單方面示好的偏誤關係，盡速克服台日關係上的問題點，提升國民之間的情誼，使台灣與日本成為值得信賴的正式夥伴。

要做到這一點，日本就不能屈服於來自中國的壓力。防衛台灣與防衛日本是一體兩面的事情，日本應該明確表態，願意與美國共同建立起第一島鏈的共同防衛架構。對於在日本單方面斷交之後，依然表示「希望能夠繼續與全日本的反共人士維持友誼」的台灣人士，日本此刻正應該拿出善意，回報他們的不離不棄。

面對中國共產黨獨裁政權的威脅，如果可以的話，建議日本應該仿效美國的《台灣關係法》，建立起一套明訂台日安全保障合作關係的國內法。畢竟在二戰之前，台灣是日本的領土，日本在戰後棄台灣而去，一九七二年又單方面與台灣斷交。從這歷史面來看，對於維護台灣的安全，日本也必須負起一些責任。

圖 4-6　中國艦艇及航空器在台灣周邊的活動

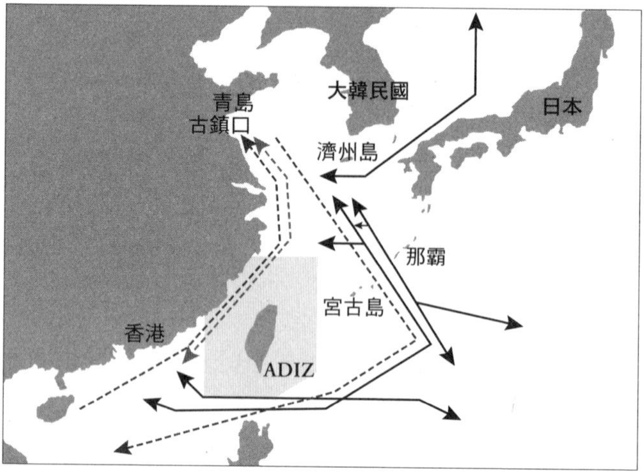

出處：台灣 2017 年版《國防報告書》

不堪一擊的台日國家安全保障關係

上圖是人民解放軍的艦艇及飛機的活動狀況圖，從本圖可以看出隨著人民解放軍武器的現代化，其活動範圍有越來越大的趨勢。虛線的部分，是航空母艦遼寧號與戰鬥艦艇的活動路線。這樣的路線設定，其實是在模仿著美國的航艦戰鬥群。實線的部分，則是轟六轟炸機、空警二〇〇預警機、Su－30戰鬥機等飛機的動線。這張活動狀況圖在繪製上，是台灣軍方利用了日本自衛隊所取得的台灣東側部分情報，再搭配上台灣軍方自己所取得的台灣西側部分情報，兩相結合後繪製而成。台日雙方只要能夠像這樣進行緊密的情報交流，就可以更加輕易地掌握共軍的所有行動。

台日雙方缺乏海上的交流

就算不跟鞏固的日美同盟比較，而是跟非正式且不穩定的台美關係比較，台日的國家安全保障關係也顯得遜色得多。曾經擔任過駐中國防衛武官的海上自衛隊幹部學校戰略研究室長山本勝也一等海佐，在《駐外防衛武官眼中的中國（31　中國尖閣群島　台灣》（防衛駐在官の見た中国（その31　中国尖閣諸島　台湾）中，提出了以下見解。文章有點長，我直接全文引用。

自從《中日聯合聲明》之後，日本和台灣之間只維持著非官方的實務關係，日本防衛省、自衛隊與台灣的國防部、台灣軍隊，或是日本海上自衛隊與台灣海軍，都完全沒有交流。而且由於台灣沒有加入「東協區域論壇」（ASEAN Regional Forum, ARF）、「東協國防部長擴大會議」（ADMM-Plus）、「西太平洋海軍會議」（Western Pacific Naval Symposium, WPNS）等組織，所以也沒有在國際間交流的機會。

海上執法機關也一樣，例如日本的海上保安廳及中國海警局都會參加的「亞洲海上保安部門首長會議」（Heads of Asian Coast Guard Agencies Meeting, HACGAM）、「北太平洋地區海岸警備執法機構論壇」（North Pacific Coast Guard Forum, NPCGF）等海上執法機關的地區性組織，台灣也完全沒有參加。

在海上執法機關的層面，還算有一點交集，例如依據平成二十五年（二〇一三年）簽訂的《台日漁業協議》中的規定所設置的「台日漁業委員會」，日本的海上保安廳與台灣的海岸巡防署相關人士會協同外交部門及漁業部門人員一同出席，但是在國防部門方面，則完全沒有交流的機會。

平成八年（一九九六年）九月，尖閣群島周邊海域發生香港抗議民眾落海死亡的意外，當時台灣的軍方為了避免未來發生類似的悲劇，曾考慮過要在發生狀況時派出救難直升機。

但是當時台灣的軍隊與日本自衛隊之間完全沒有溝通管道，狀況一度陷入混亂，最後台灣的軍隊以「可能會造成軍事緊張」為由放棄了這個決定。如今過了二十年，這個問題依然存在。

所幸近年來，自日本防衛省或自衛隊退役的將領或其他國家安全相關人士，會與台灣方面的相關人士進行非官方的國家安全對談，有時也會有退役的自衛官被派遣至台灣的交流協會台北事務所。

另一方面，交流協會台北事務所長內田勝久也指出「台日之間的溝通管道並不充足，雙方都必須特別謹慎小心，避免發生國家安全上的意外事故」。

從日本的國家安全戰略觀點來看，台灣是符合日本所提出的「自由、民主、尊重基本人權、法治等普遍價值觀」理念的鄰居。台灣若能在成熟的民主體制下持續發展，對日本來說是值得高興的事。

但是我們對台灣海軍的實力及決策機制的理解，甚至少於對中國海軍的理解。我們與台灣在國防層級上的信賴關係，是否如同私人層級或民間層級那麼深厚，完全是個未知數。

然而從日本的海洋安全保護觀點來看，台灣的海軍實力及海上執法能力，絕對是我們不容忽視的重大變數之一，這是毋庸置疑的事情。

缺乏航空方面的交流將背負非常大的風險

・日本與中國的海空聯絡機制

台日的交流在航空事務方面同樣十分不足，而且考量飛機的速度及地理位置上的距離，出現突發狀況的風險可說是遠高於航海。中國在二〇一三年十一月二十三日，單方面宣布將在包含尖閣群島的東海上空設置中國的防空識別區（ADIZ）。在此之前，中台雙方曾在二〇〇七年四月，基於避免海上發生意外狀況的考量，雙方的國防部門在建立聯絡機制這一點上達成了共識，開始進行事務性的協調與討論。二〇一二年六月的第三次共同工作小組會議（註五）上已大致完成協議，但是同年九月日本宣布尖閣群島國有化，協議因此中斷了約兩年半，直到二〇一五年一月才重新恢復協議。中國設置防空識別區正是在協議中斷的期間，為了對抗日本宣布尖閣群島國有化而實施的措施。正如同雙方當初的擔憂，中國與日本之間出現了航空事務上的意外狀況。

二〇一八年五月九日，日本首相安倍晉三與拜訪日本的中國國務院總理李克強舉行了中日首腦對談，其後在簽約儀式上，雙方在經濟、外交、環境等各領域的協議文書及備忘錄上簽字。其中一項備忘錄，就是《日本防衛省與中華人民共和國國防部的海空聯絡機制相關備忘錄》（以下稱《中日海空聯絡機制備忘錄》）。根據日本防衛省所公布的消息，二〇一八年十二月二十六日至二十七日，雙方依循備忘錄中的決議，在北京召開了「中日防衛當局間的海空聯絡機制」第一屆年度會議及專業會議。此機制正式啟用之後效果不錯，有助於提升兩國之間的信賴關係，因此雙方一致認為應該繼續維持下去。此外雙方也同意為了盡速建立熱線電話而加快腳步進行協議，讓機制的運用能夠更加提升實效性。

・與台灣之間的防空識別區問題

另一方面，日本與台灣之間也存在著防空識別區的問題，但是雙方卻沒有進行任何協議以杜絕意外狀況。日本的防空識別區是美國空軍在二戰結束後所設定，日本在一九五八年直接繼承。例如與那國島上空明明應該是日本的領空，但是在防空識別區的設定上，卻是島的東側三分之一屬日本，西側三分之二屬中華民國（台灣）。因為這個緣故，日本的民航機要前往與那國機場，都必須事先向台灣提出飛航計畫，否則可能會被台灣視為國籍不明的飛機，引來台灣空軍戰機的關切。

相反地，如果有可疑的飛機從台灣的航空管制區域進入日本，假如台灣通報日本的速度太慢的話，當日本方面發現有可疑飛機的時候，那架飛機可能已經在與那國島的上空了。台灣方面在實際的運作上，似乎已經將從與那國島算起半徑十二海里（約二十二公里）的半月形範圍，排除在台灣的防空識別區之外。但是日本方面則一直對分割了與那國島的防空識別區問題擱置不理，直到二〇一〇年六月二十四日，日本防衛省才宣布將通過與那國島上空的防空識別區邊界，擴大至領空（領土向外十二海里）以西兩海里的半圓形範圍，並且在隔天二十五日實施。

台灣雖然在防空識別區的實際運作上，早已將與那國島上空認定為日本的領空，但是在接到日本防衛省所宣布的消息之後，還是因「沒有事先接到通知」而表示深感遺憾及難以接受。

・因中國軍機活動範圍擴大而產生的資訊共享的必要性

中國的軍機在東海至西太平洋及台灣周邊一帶的活動範圍越來越大。日本統合幕僚監部（統幕）（註六）在二〇一八年四月所公布的《平成二十九年（二〇一七年）緊急升空實施狀況》中記載，「我方軍機因中國軍機而緊急升空的次數為五百次，雖然已經比去年度減少了三百五十一次，但本年度（二〇一七年）首次確認轟六轟炸機在太平洋上空朝著東北方前進到紀伊半島的外海，以及戰鬥機首次通過對馬海峽進入日本海。像這一類的特殊飛行事件，正如同我們所公布的記錄，本年度為四十三件，比去年度多了十七件。其中通過沖繩本島與宮古島之間的飛行事件，公布件數為三十六件，從首次發現這種飛行路線的平成二十五年以來，本年度的次數是最多的」。此外，在前文提過的《平成三十年版防衛白皮書》中，也有「中國的戰鬥機及艦艇常態性地繞行台灣本島，對台灣誇耀其軍事實力」的詞句。根據統幕發表的資料，針對台灣飛機所進行的緊急升空事件，平成二十九年度（二〇一七年）為三次，平成二十八年度（二〇一六年）為八次。

今後從台灣到與那國島、先島群島周邊的空域，必定會經常有日本、中國及台灣的軍機頻繁往來活動。假如真的發生台海衝突，這片空域必定會成為最重要的制空權爭奪之地。正因如此，日本更應該要盡快與台灣建立起海空聯絡機制。

日本版《台灣關係法》的提案動向

日本戰略研究論壇會長兼政治評論家屋山太郎，在二〇一八年八月二十九日於《靜岡新聞》的論壇版中指出，如今的日本應該仿效美國的《台灣關係法》，構思出一套日本版《台灣關係法》。「日本李登輝之友會」也在五年前的二〇一三年三月，提出了「為了推動我國的外交及國家安全保障政策，應該盡快制訂《台日關係基本法》」的政策建言。隨著中國軍事擴張所造成的壓力增大，提出類似主張的有識之士越來越多。

專門針對台灣、日本、美國的關係進行研究及提出政策建言的智庫「日美台關係研究所」（創立於二〇一八年四月，理事長為渡邊利夫），在二〇一八年十二月二日於東京都內召開《台海危機與日本的應對》研討會，提出了「建議制訂《日台交流基本法》（名稱暫定）」的建言。出席此研討會的眾議院議員長島昭久在接受採訪時表示，這套《日台交流基本法》在正式向國會提出之前，必須先交付日本的超黨派國會議員聯盟「日華議員懇談會」討論立法形式等相關問題，但立法的時機已近。

另外，台灣國內目前正在研發傳統動力潛艦，日本及美國應該討論可以提供什麼樣的技術支援。雖然日本與美國有同盟關係，但美國原則上不會將美國與第三國的合作或協議內容告知日本，然而為了在將來發展出日美台三國的同盟結構，日美同盟應該將台灣問題納入雙方的合作、配合範圍之中。最好是能夠雙軌並行，除了政府之間進行研議之外，民間企業及研究機構等也積極推動民間外交的各種計畫。

譯註——

註一：指南西群島最南端的宮古群島、八重山群島和尖閣群島等。

註二：蔡政府最新版本的《國防報告書》發表於二〇二一年。

註三：中華民國與日本之間在二戰後簽訂的和約，又稱《台北和約》。

註四：宣布日本與中華人民共和國邦交正常化的聯合聲明。

註五：會議全稱「關於海空聯絡機制的中日防衛當局間的共同工作小組會議」。

註六：隸屬於防衛省，是陸、海、空自衛隊的聯合參謀本部。

第五章

情境模擬：第四次台海危機

1　第三次台海危機的始末與分析

中國為了妨礙總統選舉而發射飛彈

一九九五年，當時的總統李登輝計畫訪美，美國原本不肯核發簽證，後來態度轉變，核發了簽證給李登輝。六月九日、十日，李登輝在美國的康乃爾大學進行演講，中國為此向美國提出抗議，並在七月二十一日至二十六日之間，以彈道飛彈試射為名義，朝台灣基隆外海彭佳嶼以北約六十公里處發射飛彈。到了八月十五日至二十五日，又在台灣近海發動了第二波的飛彈侵擾。並在同月進行海軍演習，到了十一月又進行陸海軍聯合演習，導致台海緊張氣氛大幅升高。一九九六年三月二十三日，台灣舉辦第一屆總統直選，在此不久前，擔心台灣會獨立的中國，又在三月八日至十五日之間，以試射為名義朝基隆東北方約三十六公里外海及高雄西南方約五十四公里外海，進行了第三次的彈道飛彈射擊。這次的飛彈射擊，用意在於警告台灣民眾「不准把票投給被中國視為台獨分子的李登輝」。

為了對抗美國航艦而實施演習

一九九六年三月八日，美國政府宣布將位在西太平洋的第五航艦戰鬥群（獨立號）派遣至台灣海峽。隔天中國又宣布將在三月十二日至二十日於澎湖近郊進行實彈演習。三月十一日，美國宣布將位在波斯灣的第七航艦戰鬥群（尼米茲號）也調至台海。三月十五日，中國宣布將在三月十八日至二十五日進行陸海軍聯合演習，台海緊張氛圍持續攀升。中國的目的，在於警告台灣「如果你們選出追求台獨的總統，中國就會以武力統一台灣」。

針對美中兩國一般戰力的極大落差，中國人民解放軍副參謀總長熊光楷中將在一九九五年十月，對拜訪中國的前美國國防部助理部長傅立民（Charles Freeman）表示，「美國不會願意為了守護台灣而犧牲洛杉磯」，言下之意是暗示將會動用核子武器[1]。雖然中國如此恫嚇，但也沒有繼續以演習或飛彈威脅台灣，美中之間的緊張關係並沒有持續升溫。中國的挑

1 原註：Mann, James. (1998) *About Face: A History of America's Curious Relationship with China, from Nixon to Clinton*, New York: Alfred A. Knopf. Inc.（日譯版為ジェームズ・マン著，鈴木主税譯《米中奔流》502-503頁，1999年，共同通信社）。

釁行動，反而大幅增加了李登輝的得票數。

如果美國沒有派遣航艦，會有什麼結果？

●中國軍的戰力

如果這個時候美軍沒有派遣航艦戰鬥群介入，而且中國決定以武力統一台灣，會造成什麼樣的結果？以當時中國和台灣的軍事實力來看，若要武力吞併台灣，失敗的機率較大。概觀當時的中國軍事實力，兵力為陸軍九十六個師約二百二十萬人，艦艇九百七十艘（排水量一百一十四萬噸），飛機五千七百五十架，第二砲兵[2]約十萬人。戰車八千輛，裝甲戰鬥車輛四千五百輛，火砲一萬四千門，但都是舊型，妥善率並不高。潛艦八十多艘，也大多都是舊型的柴油潛艦，行動半徑只有一〇〇〇海里（約一八五二公里）。另有五十七艘驅逐艦及巡防艦，絕大部分沒有反艦飛彈反制能力，飛機也大多是蘇聯製的MiG-17、MiG-19、MiG-21之類的第三代戰鬥機[3]，以及舊型的四百三十架輕型轟炸機、一百四十五架中型轟炸機。第四代戰機[4]殲7、殲8、Su-27只有一百數十架。中國軍機的對地、對艦攻擊能力，除了第四代戰機具備有限的魚雷轟炸及巡弋飛彈攻擊能力之外，都只能以一般的炸彈進行轟炸。

二砲所持有的飛彈，能夠打到美國本土的洲際彈道飛彈（Intercontinental Ballistic Missile, ICBM）數量不到十枚，射程三千至五千公里的遠程彈道飛彈（Intermediate-Range Ballistic Missile, IRBM）及射程一千至三千公里的中程彈道飛彈（Medium-Range Ballistic Missile, MRBM）約七十枚，射程不到一千公里的短程彈道飛彈（Short-Range Ballistic Missile, SRBM）則有數百枚。除此之外，還有十四架載運量約四十噸的Il－76運輸機，並沒有空中預警機（Airborne Warning And Control System, AWACS）[5]及電戰干擾能力，地對空飛彈只有舊型的蘇聯製ＳＡ－２。

2 原註：中國人民解放軍在一九六六年創設的飛彈部隊，武器包含彈道飛彈及陸射型巡弋飛彈。二〇一五年十二月三十一日經過軍隊改制之後，改稱火箭軍。

3 原註：研發於一九六〇年代的戰鬥機，如F－4等。

4 原註：於一九七〇年代建立設計概念，並在一九八〇年代開始使用的戰鬥機，如F－15、F－16等。藉由大推力發動機提升了運動性能及續航距離，配備先進的電子儀器，屬於具備多用途性能的戰鬥機。

5 原註：配備大型雷達，能夠偵測及追蹤飛機等空中目標，負責對友軍進行指揮及管制的飛機。

●台灣軍的戰力

另一方面，當時台灣的軍事實力，兵力為陸軍十二個師約二十四萬人，另有一萬五千名海軍陸戰隊員。艦艇三百八十艘（排水量約二十二萬噸），飛機四百三十架。除此之外就只有四艘傳統動力潛艦，及大約二十艘的驅逐艦、巡防艦。但是台灣的戰鬥機都是現代化的第四代戰機，另有岸置的防空飛彈及反艦飛彈。

中國與台灣的軍事實力差距，雖然中國在「量」的方面大勝，但在航空戰力、地對空及地對艦飛彈等部分「質」的方面佔優勢。當中國想要取得台灣海峽周邊一帶的制空權，或是想要在海上運輸地面戰力時，很可能會嚐到敗果。

2 左右美國軍事力量是否介入的條件

正如同第一章所描述的，這次的屈辱讓中國記取了教訓，開始全力追求軍事現代化。如今的兩岸軍事實力差距，不管是質還是量，都是中國佔了絕對的優勢。如果美國沒有依循《台灣關係法》支援台灣，光靠台灣的軍力想要確保台灣周邊的空中及海上優勢，恐怕是極為困難。中國的「反介入／區域拒止」（A2／AD）能力，正是為了阻止美國的航艦艦隊靠近台灣海峽，讓美國不敢貿然投入兵力。除了像這樣的軍事力量之外，以下將探討還有什麼樣的條件會影響美國介入台海危機的意願。

阻止美國介入台海危機的條件是什麼？

●法理正當性

當中國以武力侵犯台灣，美國可以選擇的做法很多，包含了「外交上的譴責」、「向聯合國安理會投訴」、「發動經濟制裁」、「以軍事力量進行牽制」、「直接軍事介入」等等。其中決定是否動用軍事力量的最大要因，就是國際法上的正當性。而其中的關鍵點，就在於「中國是否以武力強硬且明確地企圖達成兩岸統一」。舉例來說，假設中國認為美軍會阻撓攻擊台灣的行動，因而先發制人，先攻擊了美軍的前沿部署據點，這意味著中國決定在攻打台灣之前，先與美國及日本開戰。但倘若美軍全面介入，中國以武力統一台灣的戰略目標很可能會失敗。因此中國如果要攻打台灣，先決條件就是不能讓美國獲得軍事介入的正當性。

●中國的攻擊模式

舉例來說，部署於前沿的美軍及日本自衛隊可能會突然遭受來源不明的網路攻擊或電磁波干擾，導致軍隊陷入暫時無法行動的狀態。在這樣的狀況下，可能中國還沒有發動軍事攻擊，或是美國及日本還沒有判斷是否該介入，美軍及日本自衛隊就已經遭到癱瘓，沒有辦法執行任務了。或者是台灣國內的統派、維持現狀派及獨派爆發大規模的激烈對峙，統派向中國求援，中國可能會偷偷向統派提供武器，或是派解放軍偽裝成統派侵入台灣內部。就算台灣政府在得知之後向美國請求軍事支援，美國也會因為無法掌握中國投入武力的證據，而沒有辦法輕易派出軍隊。當初俄羅斯就是用這樣的手法吞併了克里米亞。

據說在台灣軍隊的內部，存在著一些希望兩岸統一的親中軍人。如果是這樣的情況，武力統一可能會被偽裝成台灣自己內部的騷動，這麼一來美國就算想支援也會不知道該怎麼做才好。

另外還有一種情況，就是台灣的政府重要人物遭敵人迅速拘禁，親中政黨擅自宣布統一。在這樣的情況下，台灣不僅不會向美國求援，而且可能還會發出拒絕外國干涉的訊息，導致國際社會不敢貿然出手干預。又或者，中國可能不攻打台灣本島，卻奪下周圍的金門、馬祖、澎湖群島，製造出「既成事實」的局面。由於外島居民成了盾牌，台灣政府也會不知道該怎麼應對才好。中國最擅長這種一步、一步慢慢進逼的薩拉米香腸戰略[6]。

●進攻速度

如果中國以迅雷不及掩耳的速度攻下台灣，在台灣建立起某種程度的統治狀態，美國可能會因為擔心危及台灣民眾，而不敢輕易派軍支援。

當中國對整個台灣發動全面性的軍事攻擊，就算台灣的軍隊採取適當的戰術奮力抵擋，政府也可能會在短時間之內失去統治能力。如果中國在推翻了台灣的政府之後，迅速而縝密地建立起傀儡統治機關並開始運作，就連部署在前沿的美軍也可能會來不及牽制中國或協防台灣。

6 原註：如果一次偷走一整條薩拉米香腸，一定會被發現。但如果一次切走一小片，就不會遭人起疑。用來形容一點一點地前進，最終實現重大目標的戰略。

關於正當性與成本的美中鬥爭

從以上的探討可以得知，當發生台海危機時，美國有很多介入的方式可以選擇。如果要選擇動用軍隊，勢必要獲得國際法上的正當性。

另一方面，中國要發動武力侵台，也需要一些正當性。雙方勢必會展開資訊戰及外交戰，一方面強化自己的正當性，另一方面否定對手的正當性。由於兩國都是聯合國的常任理事國，聯合國安理會不太可能會譴責中國動用武力，或是允許美國出兵。因此美國只能聯合同盟國及友好國家，對中國發動制裁或是行使軍事力量。中國應該也會以其經濟實力為武器，增加友好國家，設法在聯合國建立起多數派的勢力。

美國的戰略是設法提升中國侵台的政治及軍事成本，讓中國不敢輕易這麼做。相反地，中國也會設法提升侵略台灣時美國介入所需付出的政治及軍事成本。當中國有信心在這場鬥爭中獲勝，他們就會展開行動。

兩岸衝突的非對稱性

另外還有一點，在思考中國的侵台行動時，必須留意兩岸之間的各種非對稱性。

●地緣政治上的狀況

中國的國土面積比台灣大得多，台灣是個南北狹長、四面環海的小島，國土缺乏縱深性（地形上的縱橫長度）。台灣周圍有著金門、馬祖、澎湖群島等諸多島嶼，雖然可以運用來防止偷襲或海上封鎖，但有著容易遭中國一一奪取的特性。

此外，台灣地形多山，有利於進行游擊戰。

從美國的角度來看，由於美國本土距離太遠，大規模的戰力部署需要耗費相當龐大的時間及資源。能否在日本、關島等地擁有前沿部署據點，成了影響成敗的關鍵要素。

●戰爭目的與戰略目標

中國為了實現兩岸統一及阻止台獨，始終沒有放棄以武力佔領作為最終的手段。另一方面，台灣沒有必要為了追求獨立而先攻擊中國，只要能夠以防衛性的軍事力量抵擋中國的軍事侵略，就算是達到了戰略目標。

而美國的戰略目標，則是防止中國以武力統一台灣。顯然政治及經濟上的成本，會影響美國所做的抉擇。

●武器類型

中國擁有大量侵犯台灣所需要的飛彈、戰鬥機、轟炸機及艦艇之類的攻擊性武器。台灣為了不過度刺激中國，不管是在質的方面還是量的方面，選擇的都是較偏向防衛性質的武器類型。由於台灣已經放棄以中華民國統一中國，所以不需要擁有攻擊中國本土所需要的武器類型。

美國提供抵抗中國侵略所需要的武器給台灣，雖然是依據《台灣關係法》，但所提供武器的具體細項，會因當下的政治狀況而發生變化。例如在歐巴馬政府時代，美國對台灣提供武器的作風相當保守，而到了川普政府的時代，美國傾向於把對台軍售當成了與中國談判用的籌碼。

當發生台海危機的時候，美國可能會代替台灣對中國本土發動攻擊。

●非正規戰

當中國打算要侵略台灣的時候，可能會採取派人暗殺要人、執行恐怖活動、刻意製造社會動亂等非正規戰。台灣不管是民族還是語言都與中國相同，再加上又是民主社會，必定缺乏有效對抗這種非正規戰的手段。

相反地，台灣就算想要對中國國內發動非正規戰，也會因為雙方人口比例太懸殊，以及中國共產黨對民眾的統治能力太強，而難以收到效果。

●核子戰力

在核武方面，兩岸之間的差距將來只會更大，絕對不會縮小。中國倘若對台灣使用核子武器，台灣可說是絕對沒有勝算。然而中國一旦對同胞使用核子武器，不管是對國內還是對國際社會，都會喪失統一的正當性。

不過姑且不論會不會使用，中國可能會以核子武器來恫嚇台灣。在這種情況下，台灣唯一能做的事情只有期待美國的核保護傘，但要注意的是《台灣關係法》中，並沒有明文規定美國會將台灣納入其核保護傘之中。

3 情境模擬：第四次台海危機

正如同第一章的描述，美中的對立讓通商、智慧財產權的保護、南海軍事化、對北韓的制裁及非核化、中國在美國國內的滲透行動、台灣問題等各式各樣的問題浮上檯面，形成了兩國爭奪霸權的狀態。其主要的原因，就在於習近平政府將中國的政策從「韜光養晦」轉變為「積極作為」，美國的川普政府也為了對抗中國而轉換了戰略。到目前為止，兩國的對峙基本上是由美國掌握主導權。

如今中國經濟成長速度大不如前，習近平政府一方面必須迴避來自美國的壓力，一方面卻又必須不讓國內民眾認為政府屈服於美國。

台灣問題就在這樣的狀態下受到關注。

到目前為止，中國已經為了統一台灣而做了各式各樣的努力。包含修訂法律、外交策略、軍事改革及強化、文攻武嚇，以及對台灣國內的滲透作戰等等。習近平必然得拿出一些成果，來對中國人民交代。習近平是會設法讓偏向台獨的民進黨陷入混亂，趁機建立親中的國民黨政府，還是會記取一九九六年總統大選時引來美軍介入的教訓，以短期決戰的策略一口氣壓制台灣？以下我將依循到目前為止的種種分析，對不久後的台灣海峽進行一次情境模擬。

情境1 利用混合戰術統一台灣

台灣的執政黨在社群媒體上大受抨擊

第二次世界大戰後，國民黨在內戰中敗給了中國共產黨，從大陸撤退至台灣，在台灣建立起獨裁政權。一九九五年，國民黨總統李登輝宣布總統改為全民直選，使得自由主義色彩濃厚的民主進步黨（以下稱「民進黨」）獲得壯大的機會。自從一九九六年的總統選舉之後，這兩大政黨就不斷爭奪著總統的寶座，而如今擔任總統的是民進黨的蔡英文。如今的國民黨雖然承認一個中國原則，但基本政策是所謂的三不政策（不統一、不獨立、不使用武力）。至於民進黨，則認為「台灣本來就是一個主權獨立的國家」。

民進黨的總統候選人可能會在社群媒體上不斷遭人揭發各種醜聞，導致形象受損，民眾支持率大幅下滑。民進黨候選人雖然一再強調「那些都是不實抹黑」，但網路上卻開始流傳一些經過巧妙加工變造的照片或文件資料，導致假消息在社會上瞬間擴散，控制了整個社會的輿論，事實反而遭到忽視。接著社群媒體上又開始流傳，「民進黨候選人的醜聞是由民進黨內部的競爭對手所散發」的假消息，導致台灣民眾對民進黨徹底失去信心。雖然民進黨聲稱所有社群媒體上的消息都是來自中國的資訊戰，但因為沒有明確證據，反而引來了中國及國民黨的批判。

試圖強化與美國的關係

民進黨政府苦惱於民眾支持度下滑及兩岸的緊張情勢，為了重振氣勢，民進黨決定積極推動對日本、美國的外交，強化民進黨與美日的關係。在美中貿易摩擦、南海問題及北韓的非核化問題上，中國政府依然不改其強硬的姿態，美國的川普政府對中國政府所作出的譴責越來越嚴峻。

美國依循二〇一八年度的《國防授權法案》，陸續將最新型的武器販賣給台灣。美國國防部宣布考慮邀請台灣空軍參加本年度在美國本土舉行的紅旗演習（Exercise Red Flag）[7]，並且考慮讓以日本為母港的第七艦隊中的雷根號航艦打擊群進入台灣的港口。

美國國務院對外發表，「自從二〇一八年制訂《台灣旅行法》之後，兩國當局人員的往來交流提升至前年度的兩倍以上」。

日本的狀況

另一方面，日本則重視與中國維持良好關係，與台灣在政治及國家安全保障方面的政府層級的交流表現得相當保守。雖然日本與中國的關係逐漸改善，但是中國明顯企圖在國際社會上孤立台灣的舉動，也增加了日本人對台灣的同情心。日本與台灣在民間的層級上互相有高度好感，前往彼此國家旅行的人數也非常多。越來越多民眾表達出了親台的言論，經濟方面的合作關係也越來越緊密。日本政府雖然在意與中國的關係，但也沒有辦法漠視美國所提

7 原註：自一九七五年起，每年都會在美國內華達州內利斯空軍基地（Nellis Air Force Base），以及阿拉斯加州的基地，舉行的空軍高強度空戰演習。

出的改善台日關係的要求。包含第七艦隊在內的駐日美軍與台灣有越來越多的交流，台灣政府積極表態希望能夠與日本也達成防衛上的合作關係。美國向日本提議「在關島舉行美日台三國聯合演習」。此外，台灣強烈希望加盟由日本所主導的「跨太平洋戰略經濟夥伴關係協定」（TPP），以及與日本簽署「台日經濟夥伴協定」（Economic Partnership Agreements, EPA）。

中國的抗議與報復手段

中國對美日台三方的互動提出了強烈抗議，並且刻意延宕中國國內的日本及美國企業的輸出入關稅手續，此外也對台灣在各種不同的領域上施加壓力。電視上開始報導前往台灣旅行的大陸觀光客銳減，「海峽兩岸經濟合作架構協議」（ECFA）[8]之類的經濟合作關係也遭到凍結。前往大陸留學的台灣留學生，行動遭到嚴格限制，而且遭受警察嚴密監控。

台灣的經濟狀況越來越惡化，內部開始出現各種不安與憤怒的聲音。中國這些刻意的打壓行徑，引來了台灣媒體對中國的強烈譴責。不少年輕人站出來高喊「台灣人一定要團結」，在台灣各地發動示威遊行，有如當年的太陽花學運，而且有擴大的趨勢。

台灣國內統派與獨派的對立加劇

另一方面，也有不少人開始大聲主張民進黨政府的台獨思想及兩岸政策才是最大的亂源。過去台灣內部支持兩岸統一的民眾似乎不多，但那是因為這些人分屬於許多不同的小團體，而且每個團體的主張並非完全一致，所以聲量並不大。但如今這些團體竟然攜手合作，在台北市等各主要都市高聲疾呼兩岸應該盡快統一。許多因兩岸維持良好經濟交流而獲利的企業老闆及其員工，也加入了這些兩岸統一運動的行列，其規模逐漸膨脹。不到一個月之後，追求台獨的勢力與追求統一的勢力在各主要都市爆發衝突，全台灣陸續傳出有人受傷的消息。台灣政府為了平息紛爭，一方面向民眾勸說「戒急用忍」的道理，一方面向民眾保證一定會改善與大陸在經濟方面的關係。同時政府也警告民眾必須提防中國刻意對台灣內部進行政治分化作戰，並且命令警察、海巡單位及軍隊加強取締非法活動。

8 原註：「海峽兩岸經濟合作架構協議」（Cross-Straits Economic Cooperation Framework Agreement, ECFA）基本上就等同於台灣與中國之間的自由貿易協定（FTA）。

但是台灣內部的騷動卻一直沒有辦法平息，而且終於出現了犧牲者。一名參加台獨示威活動的年輕人，在街頭因為和統派發生爭執而遭毆打致死。騷動越演越烈，幾乎將台灣一分為二。

來自中國本土的網路攻擊

中國見了台灣內部的騷動狀況，發出了「任何企圖分裂國土、鼓吹獨立的勢力，中國皆強烈譴責且將採取必要措施」的警告。網路上的台獨勢力網站及政府機關的網站忽然都陷入無法開啟的狀態，社群媒體上突然出現大量支持統一的言論。

台灣政府對外表示「來自海外的網路攻擊忽然暴增，絕大部分來自中國大陸」、「來自中國大陸的社群媒體發言大量增加，顯然是企圖誘導台灣內部的社會輿論」，並為此譴責中國。中國反駁「這是毫無根據的不實指控」，並指稱「台灣當局不當打壓統一勢力，陷人民於危險狀態」。

統派與獨派激烈對峙，兩岸緊張關係持續升溫，就這樣過了數個星期，某天晚上台北市內忽然發生停電。台灣電力公司對外宣稱台北市內大量地區發生原因不明的斷電，位於台北北部的金山、國聖兩座核能發電廠（註一）宣布緊急停止運轉。雖然兩座核能發電廠都成功恢復運轉，停電的狀況也在大約六個小時之後恢復供電，但停電的原因依然成謎。

中國對日本實施的資訊戰

台北發生停電事件後不久，中國的《環球時報》上出現一篇評論，指稱「台獨勢力的背後是美國及日本在暗中策劃，這種企圖必須立刻加以粉碎，美日將為此舉付出代價」。

中國外交部一方面避免直接抨擊美日，一方面宣稱「中國正在進行各項準備工作，以避免台灣發生的騷動損及中國的核心利益」，同時還警告「倘若有第三國企圖妨礙兩岸統一，中國必定會採取嚴正措施」。

中國舉行這場記者會的數天之後，日本的首相官邸、內閣府及各省廳皆開始遭受網路攻擊，政府各機關的網站遭到癱瘓。內閣網路安全中心（NISC）對外宣稱雖然網路攻擊是來自世界各地，但其背後的源頭是中國，並呼籲全日本基礎公共建設提防網路攻擊。

數天後的某天早上，東京周邊的都道府縣發生了大規模的停電。鐵路暫停營運，道路上的交通號誌皆失去機能，雖然警方立刻調派人力於各主要路口指揮交通，但交通幾乎陷入癱瘓狀態。大眾媒體也遭受網路攻擊，沒有辦法在網路上發布新聞，民眾只能從電視、廣播及社群媒體接收新聞訊息。社群媒體上出現了「中國準備對東京發動大規模飛彈攻擊，大家最好趕快逃難」的消息，這個消息迅速蔓延，居住在東京近郊的民眾為了盡可能遠離東京，全擠在馬路上，造成交通網嚴重堵塞。

政府透過電視及電台廣播宣布社群媒體上頭的消息是假的，呼籲民眾留在家裡。另一方面，大量民眾為了搶購生活物資及備用電源，而擠進了便利商店、超市及購物商城。

東京電力公司找不出停電的原因，雖然嘗試讓緊急停止的發電廠恢復運轉，但途中又出現問題而無法順利執行。曾經在自衛隊服役，如今任職於某網路安全防護相關企業的N某，開始懷疑「停電的原因可能是東京電力公司的控制中心遭受網路攻擊」。N某同時也是NISC的顧問，他立刻檢查了控制中心的電腦，果然發現了遭惡意軟體入侵的跡象。N某分析這個惡意軟體，發現雖然感應裝置的數值都維持正常，但依據數值採取的反應都被改成了截然不同的設定，因而觸發了電力系統的保險裝置，導致系統無法正常啟動。從停電到找出原因，過了整整一個星期。根據N某的分析，惡意軟體是數年前藉由釣魚式攻擊進入了系統內，其源頭也是中國。官房長官立刻將這件事公諸於世，並大加譴責中國的行徑。日本國內的反中情緒逐漸高漲，越來越多人主張「我們應該幫助台灣獨立，台灣是日本的命脈」。

人民解放軍採取行動

中日兩國之間的緊張情勢逐漸升溫，位在美國華盛頓特區的某智庫組織依據衛星資料指出，「中國軍隊開始在南部戰區及東部戰區內的多處港灣，聚集大量疑似地面作戰裝備的物資」。隔天，日本的某全國性報紙刊登了一則報導，指稱在報社北京分局記者的採訪所得，發現中國在廈門及泉州的港灣附近囤積了大量的軍用物資及裝備，混入了一般貨物之中。該報導指證歷歷，還附上了照片佐證。兩天後，又有一篇報導指出一名採訪中的日本記者在當地遭中國警察當局逮捕。三天後，美國《華盛頓郵報》刊登了一則來自美國政府情報機關的消息，指出中國鄰近台灣的主要港灣囤積了多於平常數倍的大量貨物，而且聚集了相當多的小型漁船。這則報導一出，中國外交部發言人立刻召開記者會，指稱（一）該鄰近地區並沒有報導中所指出的囤積大量裝備物資情事，（二）該地區一帶正規劃進行軍事演習，所以會有一些部隊離開原駐地。

四天後，中國國防部宣布將在東海及南海，實施陸海空軍及戰略火箭軍的聯合演習。其新聞稿內容更指出，「本次演習是一場綜合性演習，將包含針對特定海域的飛彈射擊、空對地轟炸，以及陸軍及海軍陸戰隊的登陸訓練演習，參與演習的部隊已集結於各港灣」。最後國防部並提醒，「配合這次的演習，關於台灣海峽及周邊演習海域的船舶及飛機航行狀況，請各國隨時注意國防部所發布的消息」。

美日雙方的情報單位都急得像熱鍋上的螞蟻。原本數天前還能掌握行蹤的中國火箭軍部隊，如今竟然不知下落。戰略火箭部隊的大多數武器都是車載裝備，具有高機動性，

圖 5-1　擁有機庫掩體的中國安徽省安慶航空基地
（停有 H-6 轟炸機、Y-8EW 電偵機等）

出處：Google Earth，2020 年拍攝。

能夠自由移動。顯然是利用各種機動及潛伏的手法，躲過了美日兩國的衛星監視。對美軍而言，最大的威脅是有「航艦殺手」之稱的中程彈道飛彈DF－21D及DF－26。這兩種飛彈都是車載型，能夠自由來去，如今下落不明。這意味著，美軍如果像第三次台海危機那樣派遣兩支航艦艦隊進入台灣海峽牽制中國，將伴隨非常高的風險。

美國新聞報導指出有大量的空軍轟炸機及戰鬥機集結在中國沿岸附近的基地，正與中國國防部的發表內容如出一轍。中國軍隊的特徵之一，就是中國國內的每一座海空軍基地皆已完成了掩體化[9]及地下化，就算跑道遭受攻擊，飛機本身也可以毫無損傷。而且就算跑道因遭受攻擊而受損，也可以透過應急處置在四十八個小時之內恢復至可以使用的狀態。況且中國海空軍在沿岸及內陸都有相當多的基地，美軍如果要全部攻擊，需要耗費相當龐大的資源及時間。

日本強化對中國的監視

中國的軍隊開始在東海及南海周邊一帶進行陸海空軍演習，台灣剛好就被夾在中間。日

9　原註：保護飛機之類的武器不受敵人攻擊的人工物（如掩體壕等）。

本政府透過「同盟調整機制」[10]與美國進行協商，決定將強化西南方向情蒐及監視行動上的合作關係，雙方互通資訊，關於共同採取的行動則持續進行協議。

接著日本國內召開了安全保障會議，相關部門在會議上報告了前述遭中國網路攻擊的分析結果。為了因應中國的軍事演習及其後可能發生的台灣侵略行為，會議上決議強化自衛隊對中國的警戒監視，保持隨時可以出動的狀態，並且做好攔截彈道飛彈的準備。

會議結束後，官房長官將前陣子發生大規模停電的原因告知全體國民，嚴厲譴責發動網路攻擊的中國，並且要求所有負責公共設施及公共基礎建設的公營及民營業者，必須隨時掌握及報告任何可疑的徵兆，在發生特殊狀況時能夠迅速採取應變措施及共享相關資訊。

針對台灣國內近來的騷動，日本政府一方面表示憂心，一方面也要求中國不得以武力進行干預。另外日本也在國際上提出警告，指稱中國對日本發動了網路攻擊及資訊操作攻擊。日本的外務省則發布了海外安全資訊，勸告民眾暫時不要前往中國及台灣。

對於日本這一連串的作為，中國外交部聲稱把停電的原因轉嫁給中國是將中國妖魔化，在國際上刻意醜化中國。另外中國外交部也強調中國希望和平統一台灣，並不打算動用武力。最後中國外交部更抨擊日本帝國主義復辟，日帝與美帝才是造成地區不安定的元凶。

演習結束了，但是……

共軍在東海及南海開始進行演習的兩個星期後，演習似乎結束了，但是為了參加演習而來自各地的共軍部隊並沒有返回原本的部署基地。美國智庫根據衛星照片，指出中國的軍隊依然維持著集結狀態，中國國防部則回應「主要部隊已經回歸正常編制」。

數天後，電視新聞報導大量中國海軍艦艇離港出海，從衛星照片可看出中國海軍艦艇圍繞著台灣進入巡弋狀態。有專家在看了照片後指出中國海軍的目的是要對台灣實施海上封鎖。

台灣國內的對立加速惡化

另一方面，台灣內部的對立在經過了數個月之後，依然沒有恢復平靜的跡象，民進黨政

10 原註：依據《美日防衛合作指針》所設置的機制，其目的在於強化美日之間的緊密合作關係，以因應各種突發事態。

府完全不知道該如何處理這個燙手山芋。共軍在台灣周邊進行大規模演習，更是讓統派團體聲勢大振。原本支持台獨的群眾之中，有些人因為擔心大陸武力犯台，態度逐漸趨於軟化。但是大部分獨派勢力則是因為大陸的武力恫嚇而群情激憤，導致統派與獨派的對立場面變得比以往更加火爆。在這樣的局勢之下，統派對外宣布正式向大陸求援，指稱「現在正是統一海峽兩岸的好機會，我們全面支持大陸統一台灣的行動」。因為這個發言，台灣的警察機關陸續逮捕統派領袖。獨派趁著這個機會更是大肆活動，鼓吹全台灣民眾支持獨立。

某一天，獨派在台南市舉辦了一場集會，一名獨派領袖站在台上演講時，竟然遭不明人士開槍射殺。集會現場頓時掀起一片騷動，接下來又傳出了好幾聲槍響。參加集會的群眾像沒頭蒼蠅一樣亂竄，現場亂成一團，許多民眾遭到踩踏。共有五個民眾遭到射殺，混亂的場面則導致十人死亡，輕重傷者超過五十人，警方對外宣稱尚未查出開槍者的身分。接下來的數天之內，各主要都市陸續發生類似的槍擊事件。台灣政府為了恢復治安，宣布實施戒嚴，禁止集會遊行，民眾在晚上八點之後不得外出，政府並且指示警察機關強化市區內的巡邏警戒工作。

社群網路上也是吵吵鬧鬧，充斥著對政府的譴責、對警方的譴責、統派對獨派的譴責、獨派對統派及中國大陸的譴責，以及呼籲台灣人排擠大陸人的言論等等。除此之外，網路上也出現了不少疑似來自大陸的留言，例如「台灣正在向我們求救」、「快去幫助台灣同志」、「我們的政府為什麼不對台灣伸出援手」等等。

中國漁船包圍台灣

日本及美國的新聞報導指出，有大量的中國漁船正朝著台灣前進，其中還伴隨著好幾艘中國海警局的巡邏船。《台北時報》一方面引述美國報紙上的報導，一方面報導台灣軍隊內部的情況，指出「台灣的軍隊正處於隨時可以出動的狀態，能夠對抗來自中國的各種攻擊，不僅嚴密監控台灣周邊的海空域，而且若有必要隨時可以發動對空或對艦攻擊」。台灣政府強力譴責中國派遣海警局的公務船率領大量中國漁船圍繞著台灣近海航行，將台灣團團包圍，而且有越來越多的中共軍機圍繞著台灣飛行。中國則回應那些漁船只是出海捕魚，而海警局的巡邏船是為了監視漁船，防止他們做出不法的行徑。

統派勢力的武裝暴動

上述報導的數天後，一個武裝組織竟然在實施了戒嚴的台灣內部發動攻勢，不僅攻擊了獨派勢力的集會，而且一口氣同時佔領了台北、台南、高雄等主要都市的市政府、警察局、消防局、報社等設施。他們聲稱自己是「兩岸統一解放戰線」，為了追求兩岸統一，將在各都市同時發起武裝抗爭。他們稱民進黨政府為叛徒，並且強力呼籲台灣民眾為了兩岸和平統一而加入其陣容。為了維護全台治安，政府立即派出軍隊及警察加以鎮壓。

但是軍隊及警察組織的內部也分裂成了統派及獨派，許多人脫隊加入了解放戰線，因此鎮壓行動遲遲無法收到效果。解放戰線一方面向民眾強調他們絕不訴諸暴力，一方面透過大眾媒體及社群媒體譴責政府對他們實施武力鎮壓，呼籲各地民眾與他們站在同一陣線。

負責維持治安的軍隊及警察在各地與解放戰線爆發武力衝突，造成多人犧牲。暴動逐漸蔓延到了台北，越來越多贊成統一的年輕人加入解放戰線，與支持台獨的民眾也爆發了衝突。在人數上較佔優勢的統派，開始進佔台北市政府、媒體機關及行政院。

全民投票的結果，由統派獲得勝利

台灣政府見事態急速惡化，向日本及美國求援，但美日兩國政府認為這是台灣國內的治安問題，因此只能繼續牽制中國的軍隊，沒辦法提供更多的協助。美日兩國的媒體及社群媒體上也有越來越多的聲音主張，不應該過度干涉台灣的內政。

中國國家主席習近平此時發出聲明，指稱「台灣同胞的安全與和平，是台灣同胞的問題，也是中華民族的問題。應該由台灣同胞決定自己的未來，中國將全面尊重台灣同胞的決定」。一方面阻止美日介入干預，一方面逼迫台灣舉行全民投票。台灣政府為了平息國內的紛爭，總統決定請辭下台，提早舉行總統選舉。

台灣的紛爭，其實是中國事先派到台灣來的特務在背後搧風點火。最後這場總統選舉，統派佔了優勢，取代獨派的民進黨掌握政權，這也意味著中國在實質上已實現兩岸統一。

情境2 台灣限定的短期激烈戰（Short Sharp War）

以浮動水雷破壞美國船艦

X年Y月，正在執行「自由航行行動」的兩艘美國第七艦隊船艦通過台灣海峽，其中一艘因發生原因不明的爆炸而全毀。美國第七艦隊立刻派出船艦及飛機前往事故發生地點執行救援任務，同時向台灣及日本請求支援。此外，停留在橫須賀港內的航艦打擊群等第七艦隊其他船艦也都接到了出動命令。

駐夏威夷的印度太平洋司令一方面加強蒐集各方情資，一方面指示駐日及駐韓美軍進入警戒備戰狀態。駐日美軍於是將部隊防護狀態（Force Protection Condition, FPCON，因警戒恐攻之類威脅而提高戒備的狀態）從一般狀態（normal）拉高了兩個等級。

美國國內有報導指出，相關人士懷疑艦艇遭炸毀的原因是中國海軍設置了水雷，或是中國潛艦發射魚雷攻擊。針對這則報導，中國的回應是「中國只會把武力使用在自衛上」，並指責美軍艦艇趁著台灣國內的混亂局勢進入台灣海峽，企圖對中國施加壓力，是一種挑釁的行為。在事發當下，中國也派出了海警船艦前往救助美國船艦的船員。中國表示希望美國行事能夠更加謹慎，不要進行無謂的挑釁，徒然增加兩國之間的緊張情緒。

日本政府的應對方式及航空活動

為了不增加現場海域的緊張氣氛，日本政府緊急派出海上保安廳的巡視船，前往救助美國船艦。日本防衛大臣命令負責西南域的自衛隊強化情蒐活動，及進入隨時可以出動的準備狀態。另外指示自衛隊倘若遭遇中國艦艇和飛機的挑釁，務必依循「部隊運用基準」採取謹慎的回應。外務大臣則提醒千萬不要對中國做出挑釁的軍事行動，務求緩和緊張氣氛。

中國以強化警戒監視為由，明顯增加了台灣周邊一帶的航空活動。轟六轟炸機、空警二〇〇〇預警機、運八偵察機、Su－35戰鬥機等等，頻繁地穿越宮古海峽，駐守於那霸基地的航空自衛隊F－15戰鬥機幾乎每一天都必須緊急起飛，監視著中國飛機的一舉一動。

美國海軍船艦爆炸事件發生的數天之後，又發生了飛行在東海上空的美國海軍偵察機遭中國戰鬥機射擊的事件。當時中國戰機朝著美國軍機的側邊進行包含曳光彈在內的射擊，並且以航空緊急頻道發出「不准接近我國領空」的警告。

水雷造成貨船沉沒

美國政府依據爆炸船艦倖存官兵的證詞，對外指稱「船艦很可能是因水雷而爆炸」，並表示將進一步調查水雷是由何人所設置。另外，美國政府也強調在公海上設置水雷是非常危險的行為，並宣布為了確保航海安全，將在周邊國家的協助下進行海面上的掃雷作業。不久之後，又發生了一起航向台灣的貨船在台灣近海因不明原因的爆炸而沉沒的事件。到了隔天，電視新聞報導又有一艘航向台灣的貨船在台灣近海失去下落。台灣海軍出動掃雷艦隊，在附近海域進行調查，對外發表觀測到了疑似水雷的反應。台灣政府請求美日兩國協助進行排除水雷。針對美國及台灣發表的內容，中國則強烈譴責這是在蓄意誣陷中國，而且是以掃雷的名義對中國實施軍事壓迫，是一種戰爭行為。

美日台的共同掃雷行動與中國的警告射擊

美日兩國的海上掃雷部隊，以及隨行護衛的美國驅逐艦、日本海上自衛隊護衛艦部隊各自從其母港出發，在沖繩附近海域會合，航向台灣海峽。自巴士海峽（台灣與菲律賓呂宋島之間的海峽）入口處開始掃雷，平安通過海峽，來到台灣西岸外海，與台灣海軍的海上掃雷艦隊（包含掃雷艦與巡防艦）會合。其後中國國防部提出警告，如果美日部隊繼續北上或是進入台灣領海，中國軍將採取必要的自衛行動。美日兩國的掃雷部隊則回應，「只是因應台灣的請求，進行台灣周圍公海上的掃雷作業」，其後便開始進行掃雷。

突然間，持續進行對空警戒的護衛艦的戰情中心（CIC）內，忽然響起了警報聲。數枚疑似對艦飛彈的飛行物體朝著掃雷部隊飛來，日本護衛艦及美國驅逐艦立即進入對空戰鬥模式。美日兩國的船艦沒有受到損傷，但台灣海軍有一艘巡防艦遭命中而沉沒。美國驅逐艦確認飛彈是由一艘位在台灣海峽附近的中國海軍驅逐艦所發射，旋即展開反擊。

台灣軍也發射地對艦飛彈，朝著位在台灣海峽附近的中國海軍驅逐艦進行反擊。但是日本的護衛艦卻礙於「部隊行動基準」，在遭受攻擊時只能一邊進行自我防衛，一邊與掃雷艦一同脫離掃雷海域。日本船艦所採取的這個行動，在事件過後引來了美國及台灣的非議。明明是美日兩國掃雷部隊的共同行動，日本的部隊行動基準是遭到攻擊就退後迴避，美國艦隊的交戰規定卻是遭到攻擊就反擊，雙方並沒有達成共識。根據國際法，在海面上掃雷的行為等同於戰鬥行為，中國很可能會以美日兩國船艦「在本國（台灣）領海附近掃雷」而視為遭受攻擊。

中國的跨領域作戰

●網路攻擊

在台灣海峽發射飛彈的一艘中國軍艦，在台美雙方的反擊下遭到擊沉。中國立即發出聲明，譴責台美兩國的攻擊行為，並宣布將採取自衛行動。不久之後，台灣幾乎全島都發生停電狀況，此外沖繩本島也發生了大規模的停電。沖繩及台灣的手機及網路也都遭到癱瘓。在停電加上手機、網路不通的狀況下，民眾接收資訊的方式，只剩下靠備用電力維持運作的電視新聞及電台廣播。但一般家庭因為停電的關係，沒有辦法使用電視機，而攜帶型的收音機則因為有著大量不明雜訊，根本沒有辦法接收到任何訊息。

●電磁波攻擊

雖然台灣社會因為停電而陷入一片混亂，但台灣空軍的防空網擁有自行發電的能力，在防空警戒上絲毫沒有疏忽大意。沒想到此時竟然出現了疑似干擾源的強力電波，攻擊台灣的監視雷達，同時防空監視用的螢幕上出現了無數的目標。雖然台灣的雷達站擁有抵抗干擾的能力，但是接收各雷達資訊並進行分析的電腦卻出現了異常狀況。

●彈道飛彈攻擊

就在台灣的防空警戒網喪失機能不久後，中國同時發射了大量的彈道飛彈，攻擊台灣的空軍基地、港口及防空監視雷達基地。除此之外，中國也對停留在台灣西岸的美軍船艦再度發射反艦飛彈。

台灣抵禦中國武力侵犯的防衛構想，簡單來說可區分為「戰力防護、濱海決勝、灘岸殲敵」這三個階段。「戰力防護」的意思，就是事先掌握中國的攻擊徵兆，在攻擊的初期為了防止台灣的戰力遭中國很可能會發動的空中攻勢（如彈道飛彈）摧毀，而事先將戰力移動到安全的地點。最近這一陣子中國刻意集中軍力，台灣當局已認定這是攻擊的徵兆，因此已經先將海軍艦艇移動到台灣本島東部的海軍基地，並且將空軍的各機型移動到擁有地下機庫的山區基地。除此之外，台灣當局也在全台各地道路中挑出五個路段（四處為國道高速公路，一處為省道一般道路）加以整頓，作為飛機起降的臨時跑道，並且將一部分的飛機配置在這些地點。至於防空部隊，則派出各種短程至長程的車載型地對空飛彈，負責守禦各主要基地。

陸軍移動至市區，各自尋找掩蔽。至於直升機，則藏在民營公司的倉庫裡。

靠著這些戰力防護的措施，台灣海軍大多數艦艇都沒有受損，開始迎擊攻打台灣的中國艦艇。除此之外，許多潛藏在地下機庫，或是配置在高速公路戰備跑道旁以分散戰力的空軍軍機，也都躲過了中國的第一波攻勢。至於空軍基地及港灣，雖然防空部隊已經盡全力攔截中國發射的飛彈，但只成功攔截了大約一半左右，大多數跑道、倉庫及加油設施都遭炸毀而無法使用。

為了抵禦中國的第二波攻勢，E－2C空中預警機及戰鬥機皆進入戰鬥空中巡邏（combat air patrol, CAP）[11]狀態。來自中國的第二波彈道飛彈攻擊，目標是分散配置的各軍機起降的機場或高速公路，以及通訊設施、供電設施。繼彈道飛彈之後，中國的第三波攻勢是派出轟六轟炸機、殲轟七戰鬥轟炸機、殲十戰鬥機，自台灣海峽上空發射空對地飛彈，目標是台灣的海空軍基地。台灣的防空部隊，以及利用尚未遭到破壞的跑道起飛的台灣戰鬥機，在台灣海峽的上空迎擊中國軍機。但中國軍機在數量上佔了優勢，台灣的空軍作戰基地嚴重受創。

11 原註：讓戰鬥機在完成武裝吊掛的狀態下於空中待命，以便可以隨時迎戰敵機。

小專欄　中國的飛彈攻擊與台灣的反擊

中國的戰機擁有射程一〇〇至二〇〇公里的空對地飛彈。台灣海峽的寬約二〇〇公里，只要在海峽的中線位置，幾乎整個台灣北部地區都在攻擊的範圍之內。除此之外，中國還擁有射程約二〇〇〇公里的東海－10（DH-10）巡弋飛彈。台灣的戰鬥機如果要迎擊發射飛彈的中國軍機，勢必得要前進到海峽的中線附近。但是這麼一來，就進入了中國部署在大陸沿岸的紅旗－9（HQ-9）及俄國製S－400地對空飛彈的射程之內。此外，中國的攻擊不見得一定來自海峽這一邊，中國的軍機也有可能從西邊繞到東邊來。台灣海峽及台灣西方的海域裡還是有中國的海軍艦艇，台灣的軍隊只能仰賴為數不多的戰鬥機，在廣大的空域裡分頭迎擊敵人。因此台灣的軍隊能夠對中國進行反擊的程度是相當有限的。當然台灣的軍隊也可以對位在台灣海峽或西方海域的中國軍艦進行地對艦飛彈攻擊，或是以配備了空對地飛彈的F－16戰機部隊攻擊中國的根據基地。但在中國集結了海空戰力發動奇襲的情況下，台灣的軍隊恐怕將會逐漸喪失制空權及制海權。

●以特種部隊進行攻擊

另一方面，在台灣內部，出現了一些疑似中國特種部隊的武裝勢力，他們支援台灣的統派人士，企圖推翻政府。在獨派與統派的抗爭越來越激烈的狀況下，獲得武裝勢力支持的獨派開始攻擊台北及其他主要都市的政經中樞。為了維持治安，台灣政府派出陸軍部隊，與化為暴徒的統派人士不斷發生衝突。台灣政府並發布戒嚴令，禁止民眾集會及外出。

此外政府也向美國尋求支援。由於停電及通訊管道癱瘓，台灣民眾一直處在不清楚事態發展的狀態下。不僅戒嚴令無法確實傳達，甚至有謠言指出台灣政府已經同意與中國統一，機場及港口擠滿了想要逃離台灣的人群。警察及軍隊忙著宣導戒嚴令，以及將民眾引導至安全的地點。

美國派遣航艦打擊群牽制中國及來自彈道飛彈的威脅

美國政府要求中國立即終止對台灣的武力攻擊，並宣布如果中國繼續攻擊，美國將投入美軍協防台灣。美日兩國政府並要求聯合國安理會召開會議，共同譴責中國，但中國主張「美國及日本蓄意煽動台灣獨立，中國只是採取自衛手段」，並且行使了否決權。

美國的印度太平洋司令部一方面讓當初派遣至台灣西岸的掃雷部隊退後迴避，一方面讓第七艦隊中以航艦雷根號為旗艦的航艦打擊群前進到菲律賓海。另外，又命令駐守關島的B－52轟炸機飛往南海，讓駐守美國本土的B－1轟炸機移動至關島，接著同樣命其飛行在南海上空，牽制中國軍隊。

中國擁有號稱「航艦殺手」的彈道飛彈東方－21D（DF-21D，射程一五〇〇至二五〇〇公里），以及號稱「關島殺手」的東方－26（DF-26，射程四〇〇〇公里）。圖5-2是其射程範圍示意圖。這張圖所標示的射程範圍都是以北京為發射地點，倘若從更南方發射的話，東方－21D的範圍幾乎涵蓋整個菲律賓海，東方－26的範圍更是完全將關島涵蓋在內。因此，

圖 5-2　中國軍隊所擁有的中長程彈道飛彈的射程

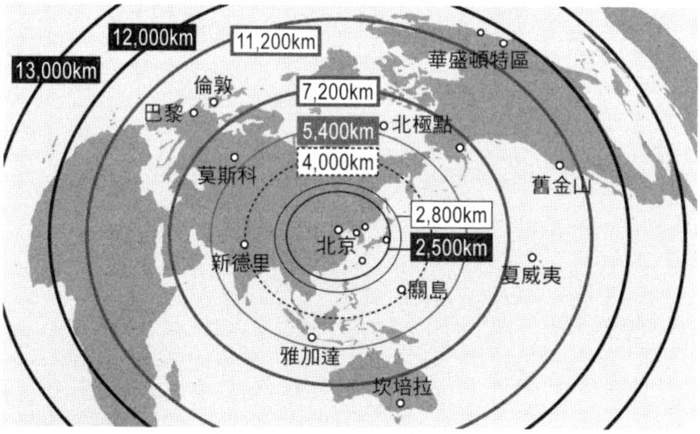

1,500～2,500km	DF-21、DF-21A9B/C/D的最大射程
2,400～2,800km	DF-3、DF-3A的最大射程
5,500km	DF-4的最大射程
4,000km	DF-26的最大射程
7,200～11,200km	DF-31、DF-31A的最大射程
12,000～13,000km	DF-5、DF-5A/B的最大射程

出處：日本《平成三十一年版防衛白皮書》

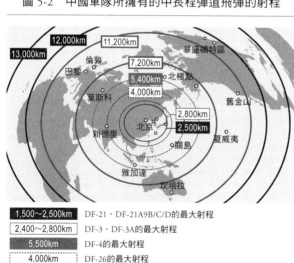

美國如果像第三次台海危機那樣派遣航艦進入台灣海峽，不僅對美軍來說是一件非常危險的事，而且很可能會讓事態擴大成美中戰爭。

駐日美國空軍及海軍陸戰隊的分散待命

另一方面，駐守在沖繩的美國空軍及海軍陸戰隊，則事先分散至日本的岩國（山口縣）、厚木（神奈川縣）及橫田（東京都）基地等各處，以防止遭到中國彈道飛彈攻擊。沖繩的嘉手納基地則有一個中隊的美軍F－15戰機，維持在十五分鐘之內可以起飛的備戰狀態。原本駐守在那霸基地內的日本航空自衛隊F－15戰機，則有一半分散至九州的基地，另外一半維持在十五分鐘之內可以起飛的備戰狀態。但是東海方面只有中國的運八（Y-8）偵察機定期飛行，除此之外中國軍隊完全沒有任何動靜。顯然中國知道如果對日本和駐日美軍發射彈道飛彈，很可能會與美日兩國爆發戰爭，因此中國避免對美日兩國出手，只把戰力集中在對付台灣。

中國漁船登陸尖閣群島，日本的反應是……

●召開安全保障會議以決定應對方針

在中國發動武力犯台之後，日本政府召開了安全保障會議。會議中針對以下幾點進行討論，並且決定了方針。

（一）立刻要求中國政府停止對台灣的武力侵犯。如果中國不答應，就偕同美國及其他國家，對台灣民眾提供必要的援助。

（二）依據《武力攻擊事態應對法》，認定現在的狀況為「重要影響事態」。接下來將視今後中國的行動，迅速判斷是否變更為「存續危機事態」或「武力攻擊事態」，並且迅速採取相應的措施。在措施的判斷上，應以確保南西群島居民的安全與安心為最優先考量。

（三）請求台灣政府照顧在台日人的安全，指示台日交流協會台北事務所確認在台日人的安全，保護日人並協助日人返國。一等到進入民航機可以航行的狀態，立刻派遣政府專機及民航包機前往台灣。但不使用自衛隊的軍機，以避免刺激中國。

（四）自衛隊一方面全力做好彈道飛彈防護措施，一方面迅速與美軍建立起共同作戰體制。

（五）對日本領土的侵略行為，務求迅速應對，避免為了等待法律程序而造成前線決策上的延誤。

●中國漁民登上尖閣群島

安全保障會議結束後，突然有大量漁船出現在尖閣群島附近，約有一百名貌似漁民的人登島。日本海上保安廳以違反《入國管理法》的嫌疑帶同警察前往取締，人員正要登上尖閣群島，沒想到島上的漁民們竟然攜帶步槍、機關槍、無後座力砲及迫擊砲，對著試圖登陸的巡視船開火，造成海上保安官及警察不小的傷亡。日本政府察覺登陸尖閣群島等那些人是重武裝的海上民兵，立即指示自衛隊前往鎮壓。以水陸機動團為核心的陸上自衛隊部隊，使用V－22魚鷹式傾斜旋翼機發動突襲，經過槍戰後將登陸的武裝漁民全部逮捕。他們都聲稱自己只是中國的漁民，並非軍人，武器及彈藥都是自行取得，並非受到中國政府或軍隊的指示。

一直待在遠處監視著整起事件始末的中國海警局巡視船，立刻以無線電向日方提出抗議，強調尖閣群島是中國領土，日本政府不得擅自逮捕登陸的中國人民，應該立刻將他們釋放。日本政府則回應尖閣群島為日本固有領土，這些漁民不僅違法侵入，而且以槍砲發動攻擊，造成日本公務員的傷亡，這是侵犯日本主權的行為，必須依據日本法律接受制裁。

美軍介入的困難與日本的支援

中國長達數天的集中砲火攻擊，讓大多數台灣空軍的防空警戒網不是遭到摧毀，就是無法發揮全部的機能。航空基地因為持續遭遇空襲，沒有辦法進行修復作業。雖然桃園、松山等民航機場沒有遭到攻擊，但台灣空軍僅剩一半的戰力，能夠起飛的地點也只剩下民航機場及高速公路之類的戰備跑道，制空權已落入中國的手中。

台灣的海軍艦艇雖然在彈道飛彈的攻擊中逃過一劫，但與中國相比，艦艇的質與量都處於劣勢，在中國海軍艦艇及軍機的追趕及攻擊下，數量也只剩下一半。中國方面雖然艦艇及飛機的損傷也不小，但因為數量佔了優勢，懸殊的實力差距讓局勢處在對中國絕對有利的狀態。

即使如此，台灣的軍隊還是將事先保留下來的岸置反艦飛彈部隊派往前線，並且重新整編戰鬥機部隊，為的就是進行「濱海決勝」，也就是在海面上摧毀自外海來襲的敵軍戰力。數量相當少的布雷艦，也在中國船艦預計登陸地點的外海設置了水雷。躲在市區裡保存戰力的陸軍，則進入「灘岸殲敵」[12]階段，其主戰力為各種火砲、飛彈、直升機、戰車。

然而中國察覺了台灣軍隊的作戰計畫，因此沒有登陸台灣，而是持續強化航空攻勢，消耗台灣軍隊的戰力。不過他們盡可能避免攻擊市區，以減少台灣民眾的死傷。在這樣的局勢之下，雖然台灣已發布戒嚴令，內部的對峙情況依然越演越烈。不僅軍隊受創越來越嚴重，警察也沒有辦法鎮壓街頭暴動，引來了在野黨及民眾的譴責與批評。

美國將航艦打擊群部署在菲律賓海，並且派遣預警機及戰鬥機進入台灣南部空域，牽制中國艦艇及軍機不使其過度深入。但美軍不對中國軍發動攻擊，也不在台灣國內部署兵力。

在美國國內，不管是議會還是國防部等政府機關，都針對《台灣關係法》的解釋出現了意見分歧的狀況。美國民眾的輿論也沒有辦法形成共識，所以總統一直無法做出最後的決定。日本則認定事態為「重要影響事態」，將台灣周邊的中國軍隊活動情報提供給台灣政府及軍隊，但由於美軍並不介入戰鬥，所以自衛隊也不對美軍提供直接的支援，只能優先處理尖閣群島上發生的事件。

統派佔領總統府

因浮動水雷炸毀船艦而掀起的一連串衝突經過了兩個星期，來自中國的航空攻擊、停電、通訊管道癱瘓及內部民眾暴動等問題，讓台灣的國內治安大亂，民眾的不安及不滿也攀升到了頂點。此時統派的武裝勢力與中國特種部隊互相呼應，佔領了總統府，囚禁自總統以下的民進黨主要幹部。電力及通訊都在此時恢復正常，彷彿早已在等著這一刻。國民黨統派領袖透過電視、電台廣播、社群媒體等管道，對外宣布已經完全掌控台灣局勢。

中國立刻發出聲明，承認國民黨為台灣的合法政權，並且宣布即刻停止對台灣的攻擊，同時全面協助台灣恢復治安及保護民眾安全。到了這個局面，獨派的抵抗力量迅速減弱，新上任的國軍司令立即下令台灣軍隊停止一切作戰行動。

半年後，台灣實施總統選舉，國民黨候選人當選。同時實施的全民公投，高票通過讓中國基於一國兩制統一台灣。

12 原註：在海岸上殲滅敵方登陸部隊。

情境3 「反介入／區域拒止」情境下的美中戰爭：對台灣全面進攻

習近平下定決心攻打台灣

X年Y月，中國的經濟成長速度急速衰退，國營企業及地方政府背負龐大債務的問題也完全找不到解決途徑。房地產價格泡沫化，失業人口大增，民眾的不滿及怒火迅速攀升，導致國內治安惡化。所有的矛頭都指向國家主席習近平的政策失敗，全國民眾對習近平的批判聲浪水漲船高。

另一方面，台灣舉行總統大選，民進黨候選人提出明確的台獨政策，民意支持度大幅領先國民黨候選人。習近平於是下令在台灣海峽及台灣周邊海空領域實施大規模演習，並且宣布「中國經濟衰退及台灣輿論倒向台獨，都是美國發動資訊戰所導致。對於外國勢力的干涉，以及台獨分子的民族分裂行動，中國不排除使用武力對抗」。

數星期後，中國軍隊在台灣海峽中線的偏中國側聚集了大量戰鬥艦艇，並且將航艦遼寧號及山東號戰鬥群部署在巴士海峽上，進行海空領域聯合訓練演習。東部戰區的飛彈部隊進入備戰狀態，轟六K轟炸機與殲十一戰鬥機的戰轟部隊分成數組，同時沿著台灣順時針及逆時針環繞飛行。此外這場演習也投入了無人攻擊機「翼龍」的大規模編隊，反復進行模擬攻擊。在演習的過程中，中國重新設定防空識別區（ADIZ），將整個台灣本島涵蓋在內，任何飛機想進入防空識別區內都必須向中國當局提出申請。中國並警告任何勢力擅自闖入，中國都會採取相應措施。中國將航艦部署在巴士海峽上，又設定防空識別區限制空域，在實質上已等同於封鎖了台灣的海空交通路線。

兩岸武力衝突的爆發與擴大

台灣強烈譴責中國藉演習的名義實施封鎖作戰，將防禦戰備情況（DEFCON）[13]提升至等級二（準戰時），並且實施戰鬥空中巡邏（CAP）[14]。一支實施CAP的戰機部隊與越過台灣海峽中線的中國戰鬥機發生對峙，一架戰機遭受強力的ECM（電子干擾）[15]及飛

13 原註：美軍將戰爭的準備狀態區分為五個等級的規定。
14 原註：戰機的防空行動之一。讓戰機打從一開始就在空中待命，當有敵機接近時就可以在第一時間加以排除。
15 原註：利用電磁波的軍事行動。此處指的是電波干擾、雷達干擾等技術。

彈鎖定。該戰機於是以自我防禦裝置（雷達干擾片、熱誘餌彈[16]）進行迴避，並由僚機實施警告射擊。中國戰機傳來「我方遭受攻擊，將實施反擊」的訊息，旋即擊墜台灣戰機。此事件發生之後，中國立刻發射大量的彈道飛彈及巡弋飛彈，攻擊台灣的空軍基地及其他軍事設施，同時派出轟六轟炸機進行波狀攻擊，幾乎徹底摧毀台灣的空軍設施及戰力。

中國集中火力對台灣發動奇襲，短短數天之內就重創台灣的海空軍。中國接著以海軍戰力設置警戒封鎖線，強化對台灣的封鎖，同時大陸方面積極準備全面的登陸作戰。

美軍實施「作戰計畫五〇七七」

在中國對台灣發動奇襲之後，美國議會依循《台灣關係法》一致通過派遣美軍協防台灣，川普總統也指示美軍實施防衛台灣所需要的軍事行動。日本政府也將事態認定為「重要影響事態」，實施了支援美軍所需要的措施。另一方面，中國則對外宣布美日兩國干涉中國內政是侵害主權的行為，必定會加以排除。

美國印度太平洋司令部依據「作戰計畫五〇七七」（5077 Plan）[17]，對通過馬六甲海峽的中國籍液貨船實施臨檢，同時以戰斧巡弋飛彈及潛艦攻擊部署於巴士海峽的中國航艦艦隊。另一方面，也對部署於關島的B－52、部署於日本岩國基地的陸戰隊F－35B，及部署於日本佐世保基地的兩棲突擊艦下達出擊命令。另外又指示駐守於日本橫須賀的第七艦隊航艦打擊群移動至西太平洋，駐守於日本嘉手納基地的F－15部隊則為了減少因中國飛彈攻擊而造成的傷害，分散配置於日本本州的各自衛隊基地。除此之外，美軍也開始針對中國軍隊的指揮管制網路進行網路攻擊。

台灣戰區內的美中武力衝突與日本

中國軍隊以獲得及維持台灣周邊制海權及制空權為目標，一方面持續轟炸台灣的海空軍基地，一方面研判美軍必定會介入，因此搶先對沖繩嘉手納基地發動了飛彈攻擊。日本政府以此將事態提升為「武力攻擊事態」，出動自衛隊進行防衛作戰。美國和日本實施聯合

16 原註：雷達干擾片（chaff）指的是能夠反射索敵及追蹤用雷達電波的物體，熱誘餌彈（flare）則是能夠騙過熱源感應紅外線誘導飛彈的專用誘餌。

17 原註：二〇〇六年五月，新聞記者威廉·阿金（William M. Arkin）在美國報紙《華盛頓郵報》上公開美軍內部有所謂的「作戰計畫五〇七七」。台灣的英文報紙《台北時報》也在隔月刊登了確認其內容無誤的報導。這項作戰計畫在二〇〇四年受到修改，是否有後續計畫及其計畫內容為何目前皆是個謎。

作戰，共同防衛與那國島周邊空域，自衛隊並協助美國空軍完成電戰空中攻擊組合（strike package），保護航艦打擊群。

中國的海空戰力因美軍的全力反攻而急速耗損，航空母艦遼寧號嚴重毀損，陷入沒有辦法繼續航行的狀態。兩星期後，台灣本島周邊的制海權及制空權完全落入美軍的掌控之中。雖然在這段期間裡，發生了台灣防空軍誤擊美國軍機，及日本自衛隊戰機擊墜台灣軍機等意外事件，美軍及日本自衛隊也在戰鬥中受創嚴重，但美日台三方軍隊成功阻止中國侵略台灣，中國的海空軍戰力大幅遭到削弱。美軍接著又趁機攻擊中國建設於南沙群島一帶的七座人工島嶼，幾乎完全摧毀上頭的軍事設施。

在美日發動聯合作戰的同時，兩國政府也譴責中國以武力攻擊美日兩國的行徑屬於戰爭行為，向聯合國安理會提出緊急控訴。中國政府行使否決權，阻止了此議案，但隨著戰況趨於對中國不利，最後中國接納了英法兩國向安理會提出的停戰提案。「東協區域論壇」（ASEAN Regional Forum, ARF）、「五國聯防」（Five Power Defence Arrangements, FPDA）等區域安全保障組織，也決議提出即時停戰要求，各方在停戰上達成共識。中國國家主席習近平因背負戰敗責任而失勢，中國共產黨改採集體領導體制。

4　關於情境模擬的解說

易思安的論文：「中國的五大戰爭計畫」

以上對中國統一台灣的方式進行了三次情境模擬。那一個情境的可能性最高？從安全保障及國土防衛的觀點來看，我們必須為最壞的情況做好準備。以上三種情境，哪一種對日本來說是最壞的情況？在說出結論之前，我想要介紹一篇受到美國華盛頓特區國家安全相關人士高度關注的論文。作者易思安（Ian Easton）是二〇四九計畫研究所（Project 2049 Institute，一個親台的中國研究機構）的研究員，曾在二〇一三年夏天擔任日本國際問題研究所的客座研究員，此外亦在台灣及中國本土居住過五年的時間。易思安在二〇一七年十月出版了《中共攻台大解密》（*The Chinese Invasion Threat*）一書，書中詳細分析了「二〇二〇年攻台計畫」的全貌，最後的結論是共軍最重要且最基本的作戰計畫是全面攻打台灣。以下所介紹的是他在二〇一九年一月六日發表的論文[18]。

18　原註：Ian Easton. *China's top five war plans*.

這篇論文在一開頭提出了一個質疑：「人民解放軍為什麼會在二〇一五年十二月底實施大規模的軍事改革？」接下來論文分析了解放軍的內部資料，作出的結論是，「解放軍的終極目標是一方面抑制、拖延或阻止美軍協防台灣，一方面做好征服台灣的準備工作」。根據解放軍所公布的資料，中印國境往往是衝突的引爆點，印度將來很可能會成為危險的敵人，但是對中國來說，內陸地區的邊境防衛雖然重要，但重要性還比不上台灣。

論文的重點：五大戰爭計畫

歸納這篇論文的重點，解放軍的軍事改革是以「聯合戰力」及「聯合作戰」為核心訴求，並以下列五大戰爭計畫為前提。

（一）對台灣的大規模聯合火力打擊作戰（Joint Firepower Strike Operations against Taiwan）：對台灣的軍事、政治或經濟上的重要目標實施飛彈攻擊或空中攻擊，破壞台灣的防衛能力，使台灣喪失抵抗中國共產黨的意志。

（二）對台灣的大規模封鎖作戰（Joint Blockade Operations against Taiwan）：利用網路攻擊、電子攻擊（電波干擾等）、飛彈攻擊、空中攻擊、海上攻擊或攻擊性水雷，封鎖並孤立台灣的作戰。

（三）對台灣的聯合進攻作戰（Joint Attack Operations against Taiwan）：全面性的登陸作戰（包含使用直升機、空降部隊的空降作戰，以及使用登陸艦或登陸艇的登陸作戰），本作戰是在聯合火力打擊作戰及封鎖作戰成功之後實施。

（四）聯合反空作戰（Joint Anti-Air Raid Operations）：以解放軍、武裝警察或民兵攻擊接近中國本土的美軍部隊的作戰，主要重視的是如何抵禦美軍的空中攻擊。

（五）邊境地區聯合作戰（Joint Border Area Operations）：在邊境地區抵禦印度軍隊或西藏民兵攻擊的作戰。

以上這些計畫互有關聯，可能會同時進行，也可能會單獨實施。此外，各軍種也有可能為了支援上述作戰而進行額外的行動。

對解放軍來說，最壞的情況是在東方對抗台灣軍及美軍的同時，還要在南方對抗印度軍，也就是同時要在兩個方向實施上述五種作戰。如果當真面臨這種雙線作戰，首先解放軍會以聯合火力對台灣發動打擊作戰，並在短時間之內全力進行海上封鎖。在徹底削弱台灣軍的實力之後，解放軍會開始執行聯合進攻，實施登陸作戰，建立了主要的橋頭堡之後，繼續前進至台灣本島的縱深處，展開激烈的巷戰或山地戰。

在解放軍所寫的論文裡，大多會設定美軍在某個非特定的時期介入干預，對於位在台灣海峽周邊或中國沿岸地區的解放軍戰力，以巡弋飛彈或航空部隊發動攻擊。當遭遇美軍的空中攻擊時，解放軍就會實施聯合防空作戰來對抗美軍。論文中有時會設定印度軍或西藏民兵趁著這個機會，跨越防衛空虛的喜馬拉雅國境，對中國進行攻擊。此外，在一些解放軍的文獻資料裡，有時會提及當發生台海衝突時，日本、澳洲或其他東南亞國家之中，可能會有數個國家跟中國為敵，但中國對此似乎並不顯得特別在意。

易思安的論文接著描述了這五大作戰計畫的內容，最後指出這五大作戰計畫正是推動中國軍隊改革增強的原動力。論文中強調，我們必須確實理解中國正在準備進行一場攻打台灣並對抗美國及其同盟國的侵略戰爭，這與中國共產黨對外所提出的政治宣傳口號可說是截然相反。

論文中並指出，大多數的有識之士都相信南海是最危險的衝突點，而根據解放軍的文獻資料記載，中國擴張軍事實力的最主要目標，是在台灣海峽及西太平洋上的戰鬥中獲勝。因此美國應該解除自我限制，與台灣建立起政治、外交及國家安全層級上的關係，將台灣的軍事力量與地區防衛架構進行整合，同時增強美軍部署在印度太平洋前沿地區的戰力，如此才能獲得對抗中國戰爭計畫的能力。

情境模擬分析的重點歸納

在這第五章裡，我們談到了第三次台海危機的來龍去脈及要點，並且以中國為了統一台灣而做了周全的準備為前提，進行了第四次台海危機的情境模擬。以下歸納此次分析結果的重點。

- 統一台灣是中國的首要目標，中國正為了實現這個目標而行使或準備行使軍事、經濟、外交及資訊上的各種手段。
- 根據情境模擬的結果，如果中國發動混合戰爭或短期激烈限定戰，美軍很難迅速介入，台灣的政權很可能會落入統派的手中。
- 另一方面，中國如果直接攻擊美軍（美中衝突），初期共軍可能會掌控制海權及制空權，但是當美軍全力反擊，就能奪回優勢，最後成功阻止中國侵略台灣的可能性很高。

・美國為了避免與中國爆發全面戰爭（核子攻擊），應該會避免攻擊中國的主要都市或內陸地區，只會攻擊沿海地區的海上或航空基地及其戰力，並且破壞南海上的軍事設施。

・不論是哪一種情境，台灣軍隊在初期就受創嚴重的可能性很高。中國的三戰（輿論戰、心理戰、法律戰）及網路攻擊會對台灣民意造成什麼樣的影響，將左右中國侵台行動最後的結果。

・日本及美國分別有一些國內的制約因素，因此當發生兩岸衝突（尤其是混合戰爭）的時候，美日兩國的介入可能會延遲，甚至是無法實現。

・當美日台三方進行聯合作戰行動時，由於並沒有共同的作戰計畫，平時也沒有藉由聯合訓練提升協同作戰能力，所以在作戰的執行上可能會缺乏效率，甚至有誤擊友軍的危險。

譯註——

註一：分別為核一及核二發電廠，核一正執行除役安排中，核二還在運行。

第六章　思考日本的國家安全問題

在這最後一章，我想要探討的是「如何確保日本的國家安全」。

在第一章，我們談到了「美中競爭」是全球在安全保障面上的基本問題。其原因就在於中國國家主席習近平提倡「中華民族的偉大復興」，並且有著在二〇四九年之前超越美國的強大野心。

在第二章，我們談到了美國的戰略及作戰構想的焦點，是如何在川普總統所主張的「大國間的競爭」中獲得勝利，尤其是如何贏過中國。日本夾在這場美中霸權之爭中，又該採取什麼樣的行動？

照常理來想，在美中競爭的局勢中，日本最正確的做法應該是明確表態支持美國。當然憑日本的能耐，絕對不會笨到主動挑釁中國，但如果日本被牽扯進了由中國所引起的紛爭和衝突之中，日本總得要想辦法全身而退才行。當發生這樣的狀況時，最明智的做法就是和美國及其同盟國、友好國家合作，共同採取行動。日本獨力能做的事情相當有限。因此日本人必須放眼整個印太地區或全世界，擁有更寬廣的視野，才能為日本所面臨的各種問題找出解決方法，追求日本的國家利益。

從以上的觀點來檢視日本的國家安全問題，會發現亟待解決的根本問題可說是堆積如山。一言以蔽之，就是有著太多只會唱高調的國家安全政策及不切實際的國家戰略。這些問題的根本原因，絕大部分來自於日本《憲法》第九條。只要《憲法》第九條一天沒有修改，日本就一天沒有辦法建立真正的國家安全保障機制。

第二章在論述的過程中，特別重視首相安倍晉三所主導的「自由開放的印度太平洋」（Free and Open Indo-Pacific, FOIP）概念，以及川普政府基於此概念所建立起的「印度太平洋戰略」。

此外，在這第二章也參考了由美國民間智庫「戰略和預算評估中心」（CSBA）所發表的「海上壓力戰略」。「海上壓力戰略」是將美國國防部的「印度太平洋戰略」在軍事面上加以具體化的美國戰略，以第一島鏈為核心，目標在於破解中國的「反介入／區域拒止」（A2／AD）作戰構想。因為這是一套以第一島鏈為核心要素的戰略，所以特別強調美國與第一島鏈上各國的合作關係。這套戰略尤其重要的是，必須理解日本的南西群島防衛與台灣防衛有著密不可分的關係，以下便從維護日本國家安全的觀點來進行探討。

1　印度太平洋戰略

中國強勢崛起，企圖藉由「一帶一路」構想，在亞洲、中東、非洲及歐洲建立起中國主導的新秩序。在這樣的局勢之下，日本安倍首相所提倡的FOIP可能說是具有相當重要的意義。包含美國的「印度太平洋戰略」在內，都是對抗中國「一帶一路」的重要戰略。

FOIP的概要

在法律的規範下建構起自由而開放的海洋秩序，是維持國際社會安定與繁榮的基礎。日本認為維持國際社會安定與繁榮的關鍵，就在於「兩個大陸」（快速成長的「亞洲」及充滿潛力的「非洲」）及「兩個大洋」（自由開放的「太平洋」及「印度洋」）的交流所產生的活力，而FOIP正是將此視為一整體概念的外交戰略。

從亞洲的太平洋經印度洋到中東及非洲的印太地區，是世界活力的核心地帶，擁有超過全世界一半的人口。日本總理大臣安倍長期以來一直強調著自由開放的印度太平洋的重要性。他在二〇一六年八月的非洲開發會議（TICAD）上所提倡的FOIP，正是以這個概念為基礎。

印太地區的海洋秩序，承受著海盜、恐怖活動、大規模殺傷性武器的擴散、天然災害及違法捕撈等各式各樣的威脅。因此ＦＯＩＰ概念特別重視以下三點。

（一）航行的自由及法律規範的普及與落實；（二）透過依循國際標準的「高品質基礎建設」強化各地區的連結性，追求經濟繁榮；（三）提升海上執法能力，推動災害防護、限縮大規模殺傷性武器及其他維持和平與安定的機制。

值得一提的是包含美國及印度在內，許多國家都認同ＦＯＩＰ。

印度太平洋戰略與中國的「一帶一路」是美中競爭的象徵

中國的「一帶一路」，追求的是在全世界擴大由中國主導的新秩序，建立起全球性的影響圈，以對抗美國所主導的秩序。

「一帶一路」可分為「絲路經濟帶」及「二十一世紀海上絲路」，其中與「印度太平洋戰略」直接牴觸的是「二十一世紀海上絲路」。美國企圖依循「印度太平洋戰略」概念，結合美國的同盟國及友好國家（尤其是第一島鏈上的國家）對抗中國；中國也企圖利用「一帶一路」將各國納入其勢力圈內，把美國從印太地區排除。我們可以說美中兩國的霸權之爭正在這個地區打得如火如荼。

如果美日兩國共同推動「印度太平洋戰略」，很可能會與中國的國家利益發生衝突。例如可能會引發台海衝突，或是南海上的紛爭。當發生衝突的時候，日本的駐日美軍基地會成為中國的主要攻擊對象，因此與日本的國家安全有著密不可分的關係，日本無法置身事外。

強化與第一島鏈諸國的合作關係

中國能夠從沿岸地區進入外洋的所有出口，都受到第一島鏈上的國家所掌控，而這條第一島鏈上沒有任何一座島嶼是中國的領土。這可說是中國最大的戰略致命傷。簡單來說，如果解放軍沒有辦法輕易通過第一島鏈，反而讓敵人的兵力進入第一島鏈內側的話，中國所構思的「反介入／區域拒止」（A2／AD）戰略根本無法實現。而如果我們想要維持及運用這個狀況，就絕對不能讓中國成功掌控第一島鏈上的任何一座島嶼。

如今這座島鏈上的國家從北至南為日本、台灣、菲律賓、馬來西亞、印尼，以及正與中國發生領土糾紛的南海沿岸國越南。其中除了日本及台灣之外，各國的海空軍戰力都非常弱，無法與中國抗衡。

日本深知這個情況的嚴重性，因此在二〇〇七年，小泉純一郎政府提供給了印尼三艘巡視船。到了安倍政府的時期，日本又提供給菲律賓十艘巡視船，並提供給越南六艘中古的監視船及沿岸雷達系統。到了二〇一六年，又租借給菲律賓五架海上自衛隊的教練機（註一）。

當然這種程度的戰力供給，只是杯水車薪。但是對同一島鏈上國家的戰力提升表示關心，已經算是劃時代的思維，何況過去的日本絕對不會提供其他國家類似這樣的援助，可見得日本也有了相當大的進步。

但日本所能提供的援助畢竟相當有限。尤其是巴士海峽以南的各國，戰力實在太弱小，而且地理位置距離日本太遠，日本能夠幫上的忙不多。再考量日本的國力，實在不太可能提供比現在更多的支援。因此我認為應該把提升整體區域戰力的工作交給美國，日本則應該專注於支援與本國防衛關係較密切的地區。

哪裡是與日本防衛關係較密切的地區？想當然耳是台灣。台灣位在日本南西群島的南方，距離與那國島一百多公里，國土面積約三千六百平方公里，人口約兩千三百萬，擁有高度的基礎建設，可說是第一島鏈上的一大勢力。倘若這座島嶼落入中國的手中，島鏈上的其他國家恐怕從此得過著寢食難安的生活。這也正是為什麼美國會堅持《台灣關係法》，一直在背後支持著台灣。

2 從日本的戰略中消失的台灣

日美同盟與兩岸關係

如今日本的戰略，缺少了一個相當重要的國家，那就是台灣。如今日本與台灣並沒有邦交，日本太過擔心來自中國政府的反彈，因此總是將台灣排除在戰略構想之外。這可說是一個相當嚴重的問題，以下先針對美日兩國的關係，以及與台灣的關係做一個概略性的描述。

●一九七一年以前「日本在國家安全保障方面與台灣建立起了友好關係」

一九五一年的《舊金山和約》，雖然明文規定「日本必須放棄台灣及澎湖群島的一切權利及要求」，但由於中華民國及中華人民共和國都沒有參加這場會議，因此並沒有提及台灣的歸屬問題。

其後，日本在一九五二年承認中華民國政府，並簽訂《中日和約》（又稱《台北和約》）。但是對於戰後追求經濟復甦在日本而言，國土廣大且人口眾多的中國有著極大的市場價值，因此在一九六二年，日本與中國簽訂了《中日長期綜合貿易備忘錄》。從此之後，日本便秉持著國家之間的政治與經濟關係互不影響的「政經分離」方針，採行對中台兩國之間存在的複雜問題保留模糊空間的政策。當然日本這種政治立場引來了中國及台灣兩方面的不信任感，也惹出了許許多多的問題。

美國在一九五四年與台灣簽訂《中美共同防禦條約》，並在一九六〇年與日本締結《美日安全保障條約》（以下簡稱《美日安保條約》）。這兩個條約讓日本及台灣擁有了「價值觀與美國相同」的鮮明立場。至少在國家安全保障上，三方建立起了一貫的友好關係。

尤其是《美日安保條約》的第六條（遠東條款）中規定「為了提升日本安全及遠東地區國際和平與安全，美國陸海空軍可使用日本國內設施及區域」。而《美日安保條約》中所稱的「遠東地區」，日本政府的定義為「大致上為菲律賓以北及日本與其周邊地區，包含韓國及中華民國的統治地區」（一九六〇年二月二十六日日本眾議院安保特別委員會中的見解）。

這第六條的規定，意味著當發生「台灣有事」時，美軍可以使用日本的設施及地區對台灣提供軍事上的支援。到了一九六九年，以返還沖繩為前提的《佐藤尼克森聯合聲明》（*The Nixon-Sato Communique*）之中，還加入了所謂的「台灣條款」，明文指出「維持台灣地區的和平與安全，也是日本國家安全上的極度重要要素」，彷彿是再度確認了《美日安保條約》的第六條內容。根據此聯合聲明的規定，美國在返還沖繩之後，依然能夠使用該地區的美軍基地，這樣的聲明當然引來了中國的抗議。

由此可知，日本在國家安全保障上，一直是站在台灣這一邊，而且在防衛面上也一直與台灣有著檯面上的交流。

然而到了一九七〇年代，事態卻有了一百八十度的轉變。

●美、日、中三方關係正常化，導致「日本與台灣斷交」

日本在確認與中國邦交正常化並不會對《美日安保條約》造成影響之後，便與中國共同發布了《中日聯合聲明》，其中的第三條明訂「中國再度重申台灣為中國領土不可分割的一部分。日本完全理解及尊重中國的立場，並且堅持《波茨坦公告》第八條的立場」。

對於中國從來不曾實質統治過台灣這個政治現實，以及台灣的歸屬問題，日本都是以強調「日本已放棄一切權利，所以不應置喙」來避免給予肯定的答覆。

另一方面，關於日本與台灣之間的《中日和約》，日本則是在發布了《中日聯合聲明》之後，針對《中日和約》發出「隨著中日邦交正常化而失去意義，故認定為終止」的單方面聲明，直接結束了與台灣的外交關係，也不像美國那樣靠著《台灣關係法》來維持政治上的官方往來。

對於日本方面的這個舉動，台灣外交部雖然宣布與日本斷交，但又表示「希望與日本反共民主人士依然維持友誼」，表現出維持台日民間交流的意願。從此之後，台日關係便以非官方的實務關係的方式維持了下來。到了一九七二年，台日雙方又締結《亞東關係協會與財團法人交流協會互設駐外辦事處協議書》，一直到現在。

由上述的記錄可以得知，在一九七一年之後，台灣幾乎是單方面陷入了截然不同的國際環境之中。若分析其背景因素，可以得到以下結論。

- 美國為了結束陷入泥沼的越戰，以及為了強化對蘇聯的包圍網，必須取得中國的協助。
- 美國及日本都對中國的市場價值抱持極大的期待。

．最重要的一點，美日雙方皆認為只要美日安保架構維持正常機能，台灣在短時間之內就不會有安全上的疑慮。

當時的中國雖然已經是擁有核子武器的軍事大國，但是依然維持著傳統的作戰方式，雖然擁有數量龐大的陸軍，但使用的都是舊式武器。海空軍戰力方面，將戰力投射至領土外的能力趨近於零，完全不是日美同盟的敵手。

而且對當時的美日兩國來說，與中國合作的利益相當大，就算在某種程度上犧牲台灣也在所不惜。更重要的一點，是兩國政府容許這樣的變化，其深層意識必然有著「只要美日安保架構維持正常機能，台灣就能安全無虞」的想法。但是冷戰的結束加上西方陣營的交往政策，讓中國的經濟飛快成長，局勢也有了相當大的變化。

日美同盟的強化與台灣

●《美日安全保障條約》

一九六〇年締結的《美日安全保障條約》，其全稱為《美利堅合眾國與日本國之間互相合作與安全保障條約》，內容繼承了一九五一年所制訂的《（舊）安全保障條約》。其中規定「在日本施政權之下的領域，如果任何一方受到武力攻擊，威脅到本國的和平與安全，當依照本國憲法上的規定及程序，採取行動應對共同的危險」（第五條：事態）。此外還有前述第六條的遠東條款，規定美軍在遠東的行動，能夠使用日本的設施及地區。

不管是歐巴馬政府，還是後來的川普政府，都認同這第五條的適用範圍包含了尖閣群島。

此外日本政府也提出了政府見解，認定「遠東」的範圍包含台灣。因此「台海危機當然在《美日安全保障條約》的適用範圍之內」。再加上前述的「台灣條款」，可知當台海發生危機的時候，美軍從日本領域採取行動的可能性非常高。

●一九九七年的《美日防衛合作指針》（一九九七指針）

一九九六年，台灣即將舉行第一次總統大選的不久前，中國對台灣實施了武力恫嚇。因為這第三次台海危機，再加上當時趨於惡化的朝鮮半島情勢，美日兩國在一九九七年簽訂了《美日防衛合作指針》，其內容明定了「日本周邊事態所發生的對日本的和平與安全造成重大影響的事態（周邊事態）的合作」相關規定。

關於這「周邊事態」是否包含「中國與台灣的衝突」，日本在一九九七年八月由當時的官房長官梶山靜六提出了「理論上應該包含台灣」的見解。此外，當時的日本外務省審議官田中均，在與當時的中國外交部亞洲局長王毅對談時，也曾說出「中國如果攻打台灣，日本將視此事為影響日本國家安全保障的重大事態，並將依循指針採取必要行動」之語。

依常理來思考，二〇一五年的《指針》及《和平安全法制》應該也繼承了這樣的見解。最好的證明，就是在二〇一五年《指針》之中，除了日本的和平與安全之外，還追加了「亞洲太平洋及跨越此範圍之地區的安定、和平及繁榮」之語。

3 台海危機與日本法制上的問題

對美國來說，台海危機是很有可能演變成美中戰爭的嚴重事態。而對日本來說，台海危機亦是彰顯日美同盟真正價值的事態。但是在這個嚴重事態的處理上，日本卻背負了一個極大的枷鎖，那就是以日本《憲法》第九條為根源的法制問題。正因為有著這個法制問題，日本很可能在面對包含台海危機在內的各種嚴重事態時，沒有辦法做出最適當的處置。以下針對日本的《憲法》、《和平安全法制》及「平時的自衛權」進行說明。

日本的《憲法》

●日本的和平向來不是靠《憲法》第九條來守護

許多擁憲論者主張，「戰後七十年來，日本能夠維持和平，都是因為有《憲法》第九條的關係」，但是這樣的說法並沒有任何說服力。從現實面來看，「守護日本和平的是日本在防衛上的努力，以及日美同盟」。相反地，我們甚至可以認定「《憲法》第九條削弱了日本維持國家安全的能力」。

日本的《憲法》打著和平主義的理想，在第九條第一項宣示放棄侵略戰爭，第二項明定不得擁有陸海空戰力，亦不具交戰權。其造成的結果，是自衛隊在《憲法》的定義上不等同於軍隊，其規模必須維持在必要的最小限度之內，而且在行動上也必須背負盡可能不使用武力的義務。

但是從國際法的角度來看，自衛隊就是軍隊。全世界都認定日本的自衛隊是軍隊。這造成了日本國內與國外的認知有著相當大的落差。正因如此，日本必須儘快修改《憲法》第九條，承認自衛隊就是軍隊。想要為日本建立起危機管理機制，必須以修改《憲法》第九條為出發點。

就連針對前述集體自衛權的《憲法》解釋，日本國內的反對勢力也出現了許多「不能僅憑單一內閣的變更解釋就加以實施」的聲音，甚至有很多憲法學者對於集體自衛權的行使也抱持否定立場。

然而《憲法》解釋上的重大改變，在日本早已有前例。在《憲法》剛施行的時期，日本政府的方針是「依據《憲法》不得擁有任何軍事力量」。但是後來受了一九五〇年代冷戰局勢加劇的影響，《美日安保條約》中的解釋變成了「日本應擁有不依賴武力的自衛權」。到了一九五四年，當時的日本內閣又變更對《憲法》的解釋，聲稱「為了保衛國土而行使武力不算違憲」，其後才誕生了自衛隊。

當時這樣的變更解釋也引來了許多強烈反對的聲音，認為這麼做會讓日本走上戰爭之路。但如今絕大部分的日本國民都認同，日本能夠有今天的和平，仰賴的是《美日安保條約》與「自衛隊」所發揮的戰爭抑制力。我們應該反過來認定「《憲法》第九條對日本的國家安全保障造成了重大危害」才是正確的觀念。

回顧日本自二戰後的防衛爭議，一直到今天為止，都是圍繞在《憲法》上的「神學論戰」，沒有一點實質意義。一些只是做表面功夫的政治語言（如「專守防衛」、「必要的最小限度實力行使」）只會阻礙國家正常建構自衛力量，完全沒有觸及實質上的國家安全戰略議題。這使得日本陷入了一個異常的狀態，在遠東局勢極度緊張的今天，日本依然幾乎完全沒有迅速處理緊急事態的能力。

如今的日本政府，反復強調將基於「國際協調主義」，推動「積極和平主義」。但要做到這一點，首先必須修正國際法與日本國內法之間的二元性矛盾，以國際法的基準來整合日本人的思考基準。

安倍政府是靠著提倡「修改憲法」及「自衛隊的國軍化」等主張，才重新奪回了政權。經過數次的法案整頓，安倍政府應該很清楚如今日本的《憲法》已經無法適用於當前的國際情勢及國家安全保障環境。

不管是修正《憲法》也好，還是以接納「芦田修正論」作為應急措施也罷，絕對是刻不容緩的事情。所謂的「芦田修正」，指的是在《憲法》第九條第二項（不維持戰力）的最前面插入一句「為了達到前項目的」。這麼一來，就變成了不以前項所稱的「解決國際紛爭的手段」為目的。反過來說，就可以解釋成「若是為了達到自衛的目的，就可以維持戰力」。

歷任的日本政府都沒有接受這樣的解釋。但若考量《憲法》第六十六條是在前述的修正後插入了第二項的「文民」規定（如果沒有軍隊，當然也就不需要文民規定），由此可知當初在進行「芦田修正」的時候，早已是以日本可能將擁有軍隊（戰力）為前提（註二）。

●關於第九條修正的自民黨修正案

國會理應積極討論第九條的修正議題，但如今《憲法》修正卻陷入了停滯不前的狀態。國會議員身為立法機關的成員，應該盡快肩負起他們的責任，在國會上堂堂正正地討論修改《憲法》的議題。

自民黨的條文修正案，是依據首相安倍晉三（黨總裁）的提案，明確秉持著「不修改第九條（包含不維持戰力及不擁有交戰權的第二項）」的立場。換句話說，就是不更動第九條，但是新設一條「第九條之二」。這想必是因為公明黨堅持要維持第九條的第二項，並且主張應該要採「加憲」形式的關係。安倍首相應該是為了取得公明黨的認同，所以才不得已而做出了這種折衷的決定。

在這樣的前提之下，自衛隊的定義則採用了「維持不變的第九條的規定不得妨礙必要的自衛措施，因而建立的實力組織」。自民黨的改正草案全文如下。

第九條之二

（第一項）前條規定不得妨礙我國守護和平、獨立及保障國家、國民安全的必要自衛措施，作為以此為目的的實力組織，我國依法律規定擁有以內閣首長即內閣總理大臣為最高指揮監督者的自衛隊。

（第二項）自衛隊的行動依法律所規定，服從於國會的承認及其他管制。

自民黨在過去也曾以黨的立場提出《憲法》草案，因此這保留第九條第二項的自民黨修正案實際上目前受到不少人反對。自民黨原本的《憲法》草案的立場，是「為了在《憲法》中明記自衛隊的根據法規，應該刪除第九條第二項，明示自衛隊及自衛權」。這個草案在國際法上沒有任何瑕疵，有很多人主張這才是最好的版本。

《和平安全法制》

二〇一五年九月，在安倍總理的強力主導下，通過了《為確保我國及國際社會的和平及安全的自衛隊法等一部分修正法律》（《和平安全法制整備法》）及《當發生國際和平共同處理事態之際我國所實施對諸外國軍隊等協力支援活動等相關法律》（《國際和平支援法》）（以下將上述兩法合稱為《和平安全法制》）。

《和平安全法制》制訂出了更加緊密的美日共同應對機制，將所面臨的周邊事態歸納出「重要影響事態」及「存續危機事態」這兩個概念。上述這兩種事態都與台海危機有著密切的關係。換句話說，美日安全保障體制向來都不排除對台海危機的介入，甚至可以說是提升了在面對該事態時的美日兩國共同處理能力。

倘若台海危機經判斷對日本為重要事態，可以宣布「重要影響事態」；而若是經判斷為影響日本存亡的事態，則可以宣布「存續危機事態」。

●存續危機事態

在《和平安全法制整備法》之中，除了既有的「武力攻擊事態」之外，還追加了「存續危機事態」的概念，其定義為「與我國有密切關係的他國發生武力攻擊事件，導致我國存續遭受威脅，國民的生命、自由及追求幸福的權利發生從根本遭到顛覆的明確風險的事態」。並且加入了三項要件，分別為（一）我國遭武力攻擊，或是發生存續危機事態；（二）要加以排除，實現我國存續及守護國民，並沒有其他合適手段時；（三）維持在必要的最小限度實力行使的範圍之內。以上這三個項目，合稱為「武力行使的新三要件」，唯有符合上述要件，才能有限度地行使集體自衛權（但是在法律上並沒有集體自衛權這個詞）。

此外，在「武力攻擊事態」下，除了對美軍之外，也能對其他外國軍隊（以下合稱為「美軍等」）提供物資及服務。另外亦修改《自衛隊法》，對於與自衛隊合作進行與防衛日本有關的活動（如共同訓練）的美軍等，亦可以提供武器之類的防護（防禦措施）。

●重要影響事態

此外，《重要影響事態安全確保法》（由《周邊事態安全確保法》修改）之中提出了「重要影響事態」概念，其定義為「倘若擱置不理將形成對我國的直接武力攻擊的事態，或其他對我國的和平及安全會造成重要影響的事態」。並有下列規定。

- ．廢除周邊事態的地理概念。
- ．支援對象從協助達成《美日安保條約》之目的的外國軍隊，擴大至協助達成《聯合國憲章》之目的的外國軍隊。
- ．只要獲得該國的同意，就可以在該國的領域內進行活動。
- ．擴大後方支援的內容，能夠提供彈藥，以及對為了從事戰鬥行為而準備出發的航空器進行加油及維護。
- ．但是原則上不能在「正在進行戰鬥行為的現場」進行活動。

簡單來說，除了廢除《周邊事態法》的地理概念之外，在支援地區、支援對象及支援內容上都擴大了。特別是支援對象，擴大至除了美軍之外的「協助達成《聯合國憲章》之目的的外國軍隊」，這一點值得高度肯定。

「重要影響事態」及「存續危機事態」的自衛隊行動依據是完全不同的。在「重要影響事態」下，自衛隊的行動權限並沒有辦法超越警察權，原則上不能在「正在進行戰鬥行為的現場」進行活動。因此在他國發生衝突的情況下，以此為法源依據是相當危險的事情。除了自衛隊本身之外，一起參與行動的外國部隊也會因此而陷入困境（自衛隊行使的竟然是警察權，這在外國人眼裡是很荒唐的事，外國人皆無法理解）。

另一方面，如果是「存續危機事態」，就跟日本遭到武力攻擊的「武力攻擊事態」一樣，能夠依據「集體自衛權」進行防衛。當然如果是日本直接遭到武力攻擊，可以依據個別的自衛權，而不必動用到集體自衛權。雖說實際狀況還得看日本政府與共同面對該衝突的外國政府如何協調，但只要在國際法的容許範圍之內，自衛隊的行動就沒有限制，以下這些行動都可以執行（註三）。

・攻擊敵方基地（策源地）（但是攻擊中國本土的難度很高，必須與友軍充分溝通）。
・摧毀敵方戰力。
・對美軍等友軍戰力進行護衛，或是對友軍運輸部隊及ＳＬＯＣ（Sea Lines of Communication，即海上交通路線）進行防護。

・在敵對海域上設置水雷。

就這層意義上而言，美日安全保障機制的存在本身對中國的侵台意圖發揮了相當強大的遏止力，間接也對台灣提供了相當大的利益。

另一方面，台海危機就像是日美同盟的試金石。當台海爆發衝突時，日本會宣布進入什麼樣的事態，以及會採取什麼樣的具體行動，將會對日本的安全造成最直接的影響。因此我們可以說日本與台灣就像是命運共同體。

倘若日本在平時只是仰賴日美同盟，忽略了原本應該要做到的防衛努力，在爆發衝突時卻又考量到戰爭將帶來的損失，因而在同盟上表現出消極的態度，這樣的同盟當然不可能維持下去。

想要讓日美同盟維持穩固及正常運作，日本必須要不斷投注心力於強化自衛隊的力量。而且當台海發生衝突的時候，為了能夠與美軍共同合作，發揮自衛隊的最大力量，盡快讓「存續危機事態」成立可說是必要的條件。

如今從美國的戰略及美中貿易戰可以明確看得出來，美國及自由陣營諸國對中國的態度明顯變得強硬。日本過去那種「政治與經濟互不影響」的立場，已經沒有辦法適用於現在的國際社會。

日本必須要和美國一樣，將中國視為長期競爭對手，與美國在國家安全保障戰略及國防戰略上緊密合作，建立起新的國家安全保障戰略及防衛戰略，並且必須在防衛力量上盡最大的努力。

●對灰色地帶事態的應對方式

除此之外，作為《和平安全法制》的環節之一，當發生灰色地帶事態時該如何處置，也曾受到討論。但是關於這個部分，法制本身並沒有修改，僅在二〇一五年五月經內閣會議決定了三種侵害行為的應對方式，強調的是提升現行法制的運用效率。其三種行為的應對方式分別是（一）外國軍艦在日本領海及內水（internal waters）海域進行非屬國際法所稱無害通過（innocent passage）的航行的應對方式；（二）對武裝集團違法登陸離島之類事件的政府應對方式；（三）自衛隊在公海上發現有外國船舶對日本民間船舶做出侵害行為時的應對方式。

●《國際和平支援法》的概要

此外，在《國際和平協力法》方面，針對非由聯合國統籌的國際合作和平安全活動，擴大了其可參加的範圍。在聯合國PKO（Peacekeeping Operations，即和平維持活動）的範圍內可以執行的任務也擴大了。

在《國際和平支援法》方面，設定了「國際共同對應事態」的概念，其定義為「針對威脅國際和平與安全的事態，為了除去其威脅，由國際社會依循《聯合國憲章》共同對應的活動」。活動的內容分為（一）協力支援活動；（二）搜索救難活動；（三）船舶檢查活動這三項，也就是將過去的特別措施法的應對方式納入了恆久法之中。

●集體自衛權的觀點

雖然是在有限的情況下，但集體自衛權的行使能夠在本法制中獲得承認，不僅能夠讓日美同盟變得更加穩固，而且也能夠強化對地區紛爭的遏止力。就這點而言，《和平安全法制》可說是日本的防衛法制上的劃時代成果，值得大力讚揚。本法制的制訂，受到了中國、韓國以外諸國的高度評價，正是最好的證據。

過去日本仰賴《美日安保條約》這種單方面的集體自衛權來保障國家安全，自己的國家卻沒有辦法行使集體自衛權，這樣的事態可說是相當異常。如今狀況終於有了改善，是一件相當令人開心的事。但是這個集體自衛權（在本法制之中，並沒有明文記載這是集體自衛權）受到相當大的限制，其發動必須符合三項極為嚴苛的要件。甚至不禁讓人懷疑這根本不是什麼集體自衛權，只是個別自衛權的延伸而已。

從另一個角度來看，這也意味著日本的參戰條件包含著許多不確定因素，美國人的心中可能會抱持「你們日本真的會參戰嗎？」「什麼時候？」「必要的最小限度是什麼意思？」等等懷疑。簡單來說，日本不僅在參戰時期及參戰兵力上無法做出保證，甚至連到底會不會參戰也無法給一個明確的交代。

●集體安全保障的觀點

這次的法規制訂，還有另一個重點，那就是為參加集體安全保障（collective security）行動開闢出了一條通路。

過去歷代日本內閣在面對聯合國的立場時，總是毫不猶豫地以日本國內法令為優先，明明身為背負參加聯合國軍隊義務的加盟國，卻只是對內表示「日本的《憲法》不允許我們『參加』聯合國軍隊」，營造出了長期輕視聯合國的狀態。

事實上日本的國家安全保障的根基，是以聯合國的集體安全保障體制為基礎，而在該體制發揮機能之前，日本則是以《美日安保條約》所建立起的集體自衛權為基礎來應對各種狀況。因此集體安全保障體制與自衛權，可說是一體兩面的關係，若不能同時確保雙方將會採取的行動，就不能建構起完善的安全保障體制。

這次的法制修訂，日本首相及外務大臣在二〇一五年六月的國會質詢上，做出了「只要能夠滿足新三要件，不管在國際法上的根據是集體自衛權還是集體安全保障，自衛隊都能採取行動」的發言。這意味著在有了本法制之後，日本終於能夠參與執行集體安全保障措施（雖然必須滿足相當嚴苛的新三要件），其意義可說是相當重大。

●《和平安全法制》的問題點

本法制有一個相當大的問題，那就是其活動不管日本對國內如何說明，從國際法的角度來看，那就是相當明確的軍事行動。但是偏偏日本為了避免發生「武力行使的一體化」現象，對於該派遣部隊的武器使用權力，只賦予等同於平時概念中的警察權的權力。這樣的矛盾，必定會讓日本的部隊在行動的過程中面臨非常大的困境（註四）。

除了這一點之外，本法制還有著其他問題，這些問題絕大部分都來自於對《憲法》的解釋。以上就是針對最根本問題點的論述，以下將針對日本的《憲法》相關問題進行論述。

平時的自衛權

過去許多人都曾指出，日本的防衛法制存在著相當嚴重的問題。第一個問題是關於日本的防衛法規體系，第二個問題則是關於「平時的自衛權」。

●防衛法規體系的問題

過去日本的防衛法規體系總是臨陣磨槍，事到臨頭才開始思考，而且過於細分化，並沒有整理出一套統一且符合軍事合理性的法規體系。因為這個緣故，每一種行動的根據、權限、適用區分及適用範圍都大相逕庭，形成了極度複雜的法規體系。

其結果就是當發生了法規上沒有預料到的事態（法律本來就不可能事先預想所有的軍事行動）或是複合性的事態，就很可能會亂成一團，導致國家的方針出現偏差，或是蒙受軍事上不能容許的無謂損傷，甚至可能隱含著極大的風險，讓事態陷入無法挽回的困境。

想要排除這個風險，就必須盡早制訂「交戰規則」（ROE, Rules of Engagement）[1]及明記行動限制的「禁止清單」（negative list）[2]。唯有如此，現場的指揮官才能夠不再思考那些繁雜的政治考量，能夠在瞬息萬變的局勢之中，投注全部精力作出符合軍事合理性的判斷及處置。

●「平時自衛權」的問題

第二個問題點，則在於防衛事態屬於國際問題，日本用來處理防衛事態問題的法律卻不是國際法，而是以《憲法》為主軸的國內法。說得更明白一點，個別及集體自衛權是連《聯合國憲章》也承認的權利，日本卻畫地自限，對自己設下限制。

在面對現實中的嚴峻狀況時，不依據國際法所認同的自衛權來處理，卻以綁手綁腳的警察權來限制平時的自衛行動。這樣的做法讓自衛隊在執行勤務時面臨相當多的難題。

想要克服上述這兩個問題，以因應將來可能發生的緊急事態，就應該要賦予自衛隊平時的自衛權。平時自衛權是一種國際慣例上的權利，在平時若要使用武力來對抗暫時性的武力威脅，平時自衛權就是最重要的依據。

但如今日本的自衛隊並沒有平時的自衛權。這個問題長期以來一直受到討論，二〇一五年的和平安全法制的國會審議上也曾被提出來，但最後的結論只是「在運用上設法改善」，就此受到擱置。這樣的做法，如何能夠實現日本政府在《二五安保戰略》中所提倡的「對灰色地帶事態的無縫應對」？

國家要開始行使武力，都必須以自衛權作為依據。日本必須秉持著軍事合理性，重新整頓法規體系，賦予自衛隊《聯合國憲章》所承認的自衛權，將所有的軍事行動都視為自衛權的發動。

1 原註：在什麼樣的情況下，在什麼樣的地點，對什麼樣的對手，能夠使用什麼樣的武器的基準。

2 原註：「允許清單」（positive list）的意思是允許行動的清單，而「禁止清單」（negative list）則剛好相反，意思是禁止行動的清單。

●世界各國的平時自衛權

世界各國的軍隊，都將平時自衛權視為國際慣例上的當然權利。因此從平時到戰時，軍隊在自衛權的行使上能夠無縫銜接。

許多灰色地帶的事態以警察權無法處理，勢必得要行使自衛權才行。唯有在行使自衛權的情況下，才能對在領海內從事不法行徑的外國軍艦或外國公務船發揮強制力。倘若自衛隊本身，或是附近的本國軍隊、國民、資產在國際水域或其上空遭受來自外國勢力的攻擊或威脅，自衛隊才能有加以保護的依據。

雖然自衛權的行使必須符合必要性原則，但只要對手開始進行武力攻擊，己方就可以開始行使反擊，而不必等到己方實際出現損傷才為之。此外，雖然戰鬥行為也必須符合均衡原則，但所謂的均衡，指的是相較於對手的攻擊及威脅，己方的行動是否符合自衛的目的。沒有必要像目前的日本一樣考量警察比例原則[3]或危害容許要件（如正當防衛、緊急避難等），如此才能做到符合軍事合理性及臨機應變。

4 日本的《國家安全保障戰略》等戰略報告的問題點

《國家安全保障戰略》

二〇一三年十二月（平成二十五年），日本首次制訂了《國家安全保障戰略》（以下稱《二五安保戰略》），以取代在一九五七年制訂的《國防基本方針》。

在制訂了《國防基本方針》之後，漫長的五十七年歲月裡，日本完全沒有任何國家安全保障戰略可言，很難想像其國家安全保障政策就這麼一路被敷衍了過來。就這層意義上而言，《二五安保戰略》的制訂可說是日本安全保障政策上的劃時代創舉，值得受到高度評價。

如今日本終於有了《國家安全保障戰略》、《防衛計畫大綱》（相當於美國的《國防戰略報告》）及《中期防衛力建構計畫》（相當於美國的《國家軍事戰略報告》〔National Military Strategy〕）這三份戰略報告。

3 原註：警察權的行使，必須與達到目的的阻礙程度在比例上相當，不得逾越其限度的原則。例如歹徒使用手槍，警察就只能使用手槍應戰，不能使用威力更強的機關槍。

●《國家安全保障戰略》的概要

《二五安保戰略》依循的是國際協調主義，以「積極和平主義」[4]為基本理念，並以積極保障國際社會的和平、安全與繁榮為宗旨，其國家安全保障的目標如下。

・為了維持和平與安全，確保國家存續，應強化必要的遏止力。當遭受威脅時，應設法將其排除，使損害降至最低。

・強化日美同盟的關係。與領域內外的夥伴建立起更加鞏固的信賴與合作關係，預防任何對我國的直接威脅。

・透過外交努力與人為貢獻，在強化國際秩序及解決紛爭問題上肩負起主體責任，建構和平且安定的國際社會。

此外亦分析國際情勢，提出以下數項作為追求安保戰略目標的戰略手法，分別為「強化我國的能力與職責」、「強化日美同盟關係」、「為了追求國際社會的和平與安定，強化與夥伴之間的外交及安全合作上的關係」、「為了追求國際社會的和平與安定，在國際上積極貢獻一己之力」、「強化國內基礎及促進內外理解以確保國家安全」。

報告的最後還提出「防衛力才是國家安全的最終保證，將積極強化防衛實力」之語，然而其內容卻包含了許多問題點。

●《國家安全保障戰略》的問題點

《二五安保戰略》的最大問題點，就在於除了北韓的核武之外，通篇報告並沒有明確指出日本所面臨的威脅。例如中國與日本之間有著尖閣群島的領土爭議，中國稱此為國家的核心利益，企圖以武力改變現狀。對於日本與這最大威脅來源國的關係，報告中只使用了非常模糊不清的描述，這可說是本報告的一大問題。

另外，在印太地區的環境安全問題上，也只是盡可能羅列出了所有想得到的戰略手法，

4 原註：在「單靠我國一國的力量，無法確保我國的和平與安全，國際社會也期待著我國能夠以符合我國國力的方式，為追求國際社會的和平與安定更加積極付出」的認知下，肯定積極作為之價值的觀念。

完全沒有深入說明以哪一種手法為重點（優先順序）。

明確的優先順序，原本應該是戰略報告的核心部分。報告中雖然明言「防衛力才是國家安全的最終保證」，但完全看不出與其他項目的差異，也完全看不出優先投入國家資源（人力、資金等）的意圖與跡象。說得更明白一點，如果只是毫無重點地平均分配國家資源，絕對無法與中國之類的強國對抗。

而且若不在《安保戰略》中明示威脅的來源，當然就無法建立「威脅抵抗防衛計畫」，也就是無法依照現實中存在的威脅，建構起足以抵抗的防衛力。這個缺點也會對《防衛計畫大綱》、《中期防衛力建構計畫》的防衛力建立構想造成不良的影響。

例如美國的《國家安全戰略報告》，明確點出了美國與中、俄等大國之間的競爭，甚至是寫明中國及俄羅斯就是美國的長期競爭對手（假想敵）。尤其是對中國，甚至還作出了「中國企圖將美國逐出印太地區，擴大由國家主導的經濟模式的影響圈，讓該地區朝著對中國有利的方向發展」這種嚴厲的批判。

相較之下，《二五安保戰略》裡頭雖然寫出了對中國的疑慮，卻依然表示「期待中國能在國際社會上以協調的方式積極善盡其職責」，顯然尚未完全擺脫早已遭美國屏除的交往政策。這個不良的影響，在新的《防衛計畫大綱》內也以相同的面貌呈現出來。

如上所述，《二五安保戰略》與現時政策之間有著極大的矛盾，其最大的問題包含以下四點。

（一）關於《憲法》對日本防衛體制建構上的阻礙，是否有修改的必要，以及與其互相呼應的自衛隊法制立場及必要規模等等，這些應該是建立起國家安全保障體制的基幹，卻是隻字未提。

（二）只是如例行公事般提出了「專守防衛」、「非核三原則」等現行體制上的政策，卻沒有探討如何在嚴苛的局勢下（尤其是北韓研發核子飛彈的行動，報告中形容為「重大威脅」），如何妥善實施「專守防衛」之類的政策。

（三）雖然強調應該強化日美同盟關係，卻沒有設法整合日本的安全戰略與美國的安全戰略及國防戰略。

（四）報告中不斷強調當發生灰色地帶事態時必須「無縫應對」，但是平時防衛法制上的問題沒有解決，絕對不可能做到「無縫應對」。

若不能在以上四個項目找到解決的方向，日本的安全戰略還是會跟過去一樣嚴重缺乏軍事合理性，在防衛戰略的制訂上必定會成為極大的不利因素。

遠東地區的局勢可說是瞬息萬變，日本一定要盡早重新制訂新的《國家安全保障戰略》才行。

《防衛計畫大綱》及《中期防衛力建構計畫》

二〇一八年十二月，日本政府制訂了《平成三十一年度之後相關防衛計畫大綱》（以下稱《三〇大綱》）及與其相呼應的《中期防衛力建構計畫（平成三十一年度至平成三十五年度》（以下稱《三一中期防》）。

●《三〇大綱》值得讚許之處

這份報告中最值得讚許的一點，就是首次提及中國的「反介入／區域拒止」（A2／AD）戰略，寫明了中國「以武力變更現狀」的意圖及軍事活動，多多少少點名了中國就是日本的威脅來源國。此外，報告中也記載了將以過去政府極少關心的彈藥儲備等後勤問題為重點。

另外在《三〇大綱》中，也提及了太空、網路、電磁頻譜等新的作戰領域，重視如何與傳統的陸海空作戰領域利用跨領域作戰產生相乘效果，以建立「多次元聯合防衛力」。

●《三〇大綱》的問題點

《三〇大綱》與《三一中期防》的制訂時間，與前一次的《大綱》、《中期防》相隔了五年，但是卻沒有分析及考量這段時間裡環境局勢上的巨大變化，依然只是將老生常談的安全戰略當作優先戰略。

除此之外，就跟前一次的《大綱》一樣，在海上優勢及航空優勢上的敘述相當模糊不清。在面對哪一個國家的威脅時，需要保持什麼樣的優勢，完全沒有任何說明（如果依照《二五安保戰略》所寫的，對日本造成威脅的國家只有北韓的話，其一般戰力撇除特種作戰及網路戰能力，並沒有值得討論之處）。

因此《三一中期防》所列出的防衛預算只有二十七兆四千七百億圓（而且裡頭還包含

了實際上不能使用的節減分一兆九千七百億圓。值得一提的是前一次的中期防衛預算為二十三兆九千七百億圓，其中節減分為七千億圓），僅比上一次的《中期防》多了幾個百分點的程度。老實說，這種程度的預算金額絕對不可能達成《大綱》的目標。

防衛戰略是國家的基本戰略，絕不能只是在玩文字遊戲。既然寫了出來，就要背負起責任，盡可能加以達成。當然國家資源有限，防衛經費也不可能毫無上限地加上去。如果現在的防衛經費已經是日本所能付出的極限，當然也只能接受。

但如果真是如此的話，不管是《安保戰略》還是《三〇大綱》，都只是不切實際的夢想。日本政府應該要把這個財政上的限制反映至各戰略的制訂上，在這個經費的範圍之內，重新討論出一套真正具有效果且能夠實現的戰略。

如今北約（NATO）諸國的國防經費，可以看出都在GDP的二%以上。雖然我能理解日本的財政現實面狀況，但我相信每個國家的狀況都大同小異。何況日本的國家淨資產超過三十兆圓，財政狀況算是不錯。當然每個國家的預算內容並不相同，不能單純只是比較各國防衛經費與GDP的比例，但是日本面臨著中國及北韓這兩大現實面上的威脅，需要的防衛力量一定要盡早建立才行。就算再怎麼刪減，日本的防衛經費至少也必須是現在的兩倍左右。

《三〇大綱》與《三一中期防》只把重點放在購買美國武器，在戰略上的構思並不充分，不過至少還算是經過了某種程度的檢討，整理出了未來戰爭所不可或缺的機能及防衛力在建構上的問題點作為改進的課題。

●F-35B戰機的購買及護衛艦「出雲號」的改裝問題

近年來日本購買F-35B戰機及改裝護衛艦「出雲號」的舉動，在新聞媒體上引發了熱烈討論。

有些人認為日本站在「專守防衛」的立場，不應該擁有航空母艦。有些人則認為「出雲號」的意義並不在於F-35B戰機的持續運用，而是在於增加戰鬥機在運用上的多變性，以及確保發生緊急事態時的安全性，因此不能算是「攻擊型航艦」，並不在《憲法》的禁止範圍之內。

像這樣的討論，其實根本沒有任何意義。在軍事的世界裡，根本沒有「專守防衛」這樣的概念，武器也難以區分攻擊用還是防禦用。正因為圍繞著日本的環境安全局勢發生了重大的變化，所以戰鬥機的艦載化是必要的。

想要善加運用艦載機，絕對不是單純把F－35B戰機放上「出雲號」就好了，還得要做好平時的完善訓練。除了戰鬥之外，隨之產生的維護及管制之類的人員，也必須確實做好艦上訓練。像這樣的武器在運用上如果沒有伴隨平時的訓練，只想做到臨時性的使用，從安全性的觀點來看，反而是一件相當危險的事。因此媒體上的那些評論，只能說是完全不懂軍事的門外漢的意見。

說穿了，那些政治語言只不過是一些想要讓現狀符合過去《憲法》解釋的詭辯，但現在的日本實在不能夠把精力花在這樣的事情上。國內人士只會爭辯那些毫無意義的議題，實際吃苦的卻是在第一線執勤的自衛官。只要日本沒有辦法擺脫《憲法》的束縛，就不可能創建出真正能夠維護國家安全的軍隊。關於這一點，將在後文詳述。

5 日本安全保障的正確面貌

日本歷經了數次大規模天災，以及福島第一核能發電廠的事故、東京地下鐵沙林毒氣事件等等，在危機管理的機制上已經有了長足的進步。但是在戰爭已經結束了超過七十年的今天，《憲法》第九條依然沒有改變，導致與國家安全保障相關的討論變得極盡荒謬之能事。如今日本的國家安全保障相關討論，依然與國際標準脫節。如果日本想要打破這個窘境，克服環境安全局勢上的嚴峻問題，首先就必須修改《憲法》第九條。

接下來，我想要探討的是改善了戰後七十年來危機管理根本問題後的「危機管理的正確面貌」。

接下來的內容，一部分引述了筆者也曾參與討論及撰稿的《日本防衛變革的七十五項提案》[5]的部分內容。

威脅對抗型戰略的建構，以及與美國戰略的整合

在思考安全戰略的時候，最重要的一點是明白指出想要守護的國家利益是什麼。基本上

5 原註：《日本防衛變革的七十五項提案》（日本防衛変革のための75の提案），內外ニュースリベラルアーツシリーズ4、内外ニュース。

每一國的安全戰略都大同小異，想要守護的國家利益不外乎是「國家的主權、獨立及繁榮」、「保護領土」、「確保國民安全」、「自由、民主、基本人權等普世價值」等。

但問題就在於日本並沒有明確點出國家所遭受的威脅是什麼。這可說是日本戰略長年以來的缺陷。明明現實中存在著相當明確的威脅，日本的安全戰略卻喜歡打出「我國的戰略不以特定國家為對象」這種口號，抱持著「全方位外交（說穿了就是誰也不得罪）」、「基礎防衛力」[6]的心態，導致戰略顯得華而不實。

這種戰略的缺點，就是缺乏外交及防衛努力上的重點及方向性。長期以來，日本的防衛力及防衛經費的結構一直沒有什麼太大的變化，理由就在這裡。

若要問如今的日本面臨著什麼威脅，第一個就是軍事實力快速增強且企圖以武力強行改變現狀的中國，第二個則是全力研發核子飛彈的北韓，這兩個國家可說是日本當前最明顯的威脅。

其次，我們需要思考的是如何將日本的安全戰略，與同盟國美國的安全戰略進行整合。前文也提過，在美國所公布的《國家安全戰略報告》及《國防戰略報告》之中，明確點出「中國及俄羅斯是挑釁美國力量與國家利益的修正型強權」、「北韓與伊朗是造成地區不安定的

『流氓國家』」，並且特別強調「認為美國的交往政策能夠讓競爭對手變得無害，甚至是成為值得信賴的夥伴的想法，只是不切實際的幻想，這種政策有必要加以改變」。這樣的立場一方面明白指出中國對美國來說是一大威脅，另一方面也否定了美國過去的交往政策。

此外報告中也提及了中國最在意的台灣軍援問題，明確表明將「滿足台灣在正當防衛上的必要戰力，維持強而有力的緊密關係」。

這一連串的事實，都意味著美國明確地將中國視為競爭對手（假想敵國）。從這個觀點來看，日本的安全戰略必須要在方向性上與美國戰略一致，兩國才能在這個共同的認知上進行協調。

日本的防衛戰略，也存在著相同的必要性。前述的美國《國防戰略報告》之中，明確點出倘若戰爭的遏止沒有成功，「將與同盟國一同設法讓對方陷入不利的狀態，在不利的條件下進行作戰」。由此可知，美國希望同盟國也要投入資源於建立現代化的本國防衛力量。

6 原註：指平時維持充分警戒狀態所需要的基礎防衛力量。

遏止戰略

安全及防衛戰略的基幹都是核武戰略。日本周邊的環境安全局勢上的最大變化，就是核武的擴散，以及投射手段（彈道飛彈技術）的擴散。尤其是中國，核武及短、中程彈道飛彈的製造速度有越來越快的趨勢。

此外，北韓也擁有這樣的武器，再加上其挑釁的發言及行徑，讓遠東地區的環境安全局勢越來越惡化。

其實打從十幾年前，來自中國及北韓的核武威脅便已存在，這不能說是快速變化造成的結果。本來日本應該在面臨核武威脅的當下，就趕緊重新檢視本國的核武戰略。但是在《二五安保戰略》中，卻只是將這個問題以「非核三原則」簡單帶過，不再深入思考。

●懲罰性遏止

遏止核武的方式有兩種型態，其一是懲罰性遏止，也就是本國也擁有核武報復攻擊的能力，使對手不敢使用核武。其二則是拒止性遏止，也就是靠著飛彈防禦及攻擊敵方基地等方式來抵禦對手的核武攻擊。但是拒止性遏止的概念要能夠徹底發揮作用，有一個前提，那就是實施本戰略的國家也必須擁有絕對確實及有效的核武戰力。

換句話說，要抵禦來自他國的核武威脅，最重要的還是能夠讓對手不敢使用核武的懲罰性遏止機能。這是不可或缺的前提條件。近年來有些國家（俄羅斯、中國）把使用核子武器當成了一般戰爭中的後期手段，此外大量出現對美國本土不會造成影響的核子武器投射手段，以及獨裁國家（例如北韓）降低了使用核子武器的門檻等等令人擔憂的現象，都讓人不禁擔心美國已不像以前那樣具有遏止核武擴大的能力。

二〇一五年，賓夕法尼亞大學的林霨（Arthur Waldron）教授（國際評估和戰略中心〔International Assessment and Strategy Center〕副總裁）在日本演講時，曾明言美國的核保護傘只是一種幻想，建議日本仿效英國及法國，設法擁有最低限度的核武戰力。

想要克服前述的困境，手中必須握有核武，營造出能夠以核武威脅攻擊者的態勢。換句話說，就是將核武部署在日本本土，讓敵人相信一旦發動核武攻擊，必定會引來核武反擊。唯有這種方式，才能確保懲罰性遏止機能發揮功用。

因此當務之急，是取消非核三原則中的「不引進」，將美國的戰術核武部署在日本，建立起「懲罰性遏止」的機制。接著再與美國討論核武的美日共同管理方式，以及是否要建構日本自己的核武戰力，透過美日合作，階段性地完成核武建置。

●拒止性遏止

接著我想探討拒止性遏止核武攻擊的機能。所謂的拒止性遏止機能，目前有可能實現的就是彈道飛彈防衛（以下稱ＢＭＤ）及攻擊敵方基地。

在ＢＭＤ方面，日本目前能夠以神盾系統發射標準三型（SM-3）及愛國者三型（PAC-3）這兩種飛彈。其中「愛三飛彈」雖然經過改良，但由於是在大氣層內進行攔截的系統，可攔截時間較短，而且當彈頭進入大氣層的速度達到一定程度以上時，「愛三飛彈」就沒有辦法加以攔截。此外還有一個問題，那就是可攔截的範圍太狹窄，幾乎只能攔截朝著攔截部隊陣地落下的彈頭。

相較之下，同樣以神盾系統進行攔截的「標三飛彈」，是在太空中攔截彈頭的系統。經過不斷改良，如今攔截高度理論上應可達到一千公里，可攔截的範圍相當廣，只要有數艘神盾艦，就可以保護整個日本國土。而且這套系統也可裝設在陸地上，日本政府原決定要購買的陸基神盾系統，就有這個功能。

但是神盾系統是精密度非常高的武器系統，所以造價非常昂貴，能夠購置的數量有限。而且這套系統的攔截能力也並非萬能，例如現階段它沒有辦法分辨核子彈頭與一般彈頭的差異，也沒有辦法應付飽和攻擊[7]。此外，由潛艦所發射的潛射彈道飛彈（Submarine-Launched Ballistic Missile, SLBM）也被排除在該系統的可攔截對象之外。換句話說，即便有了這套昂貴的系統，也不見得一定能夠攔截到所有的核彈頭。

●敵方基地攻擊能力

・日本《憲法》允許擁有對敵方基地攻擊的能力。

一些左翼政治家及一部分的媒體主張自衛隊不應該擁有攻擊敵方基地的能力。但事實上從前的日本政府曾經作出「當我國領土遭受飛彈之類攻擊，而沒有其他防衛手段時，攻擊發

7 原註：指攻擊的量（例如飛彈的數量）超過對手防護能力的上限。

射飛彈的基地在法理上屬於自衛的範圍之內，是可行的」的答辯[8]。

因此日本應該理直氣壯地擁有敵方基地攻擊能力，如果沒有這個能力，就沒有辦法發揮對敵人的懲罰性遏止效果。

・現階段日本自衛隊並不具有對敵方基地攻擊的能力。

雖然在法理上，自衛隊可以擁有敵方基地攻擊能力，但是現階段自衛隊並不具備這樣的能力。就算遭到北韓或中國發射飛彈攻擊，自衛隊也沒有反擊的能力。在名義上，日本是把反擊託付給了美軍。

日本的自衛隊並沒有長程戰略轟炸機、攻擊型航艦，或是長程彈道飛彈（ICBM）。F－2及F－15戰機並不具備攻擊敵方基地後返航的能力。

換句話說，當日本遭受攻擊時，並沒有辦法對敵方基地進行反擊。這意味著單靠日本自己，並沒有辦法遏止敵人的攻勢。國家安全保障的本質在於「遏止戰爭」，因此缺乏遏止力可說是國家安全保障上的致命缺點。

基於這樣的理由，最近日本的自衛隊已開始計畫建立對敵方基地攻擊的能力。

・擁有對敵方基地攻擊能力。

想要剝奪敵人投射核武的能力，最有效的手段就是使敵人的基地喪失機能，這是毋庸置疑的事實。只要攻擊敵方基地，就可以大幅縮限核武的發射方式，如此一來神盾系統就能減少使用彈數，提高有效性。

●核動力潛艦是不可或缺的武器

《三〇大綱》與《三一中期防》之中，將「攻擊敵方基地」解釋為「距外防衛能力」[9]。但是敵方當然也會提防這類攻擊，採取偽裝或隱蔽發射基地、提高發射載具機動性等策略。因此想要成功攻擊敵方基地，在平時就必須確實掌握敵方基地及發射載具的位置。

但是日本在這方面的能力大幅落後他國。想要以長程武器「攻擊敵方基地」，必須先發

8 原註：鳩山一郎內閣總理大臣答辯，船田中防衛廳長官代讀，眾議院內閣委員會，一九五六年二月二十九日。

9 原註：從對手攻擊不到的地點發動攻擊的能力。

現目標、鎖定目標、發射飛彈，進而將飛彈正確導引至目標位置。這一連串的步驟合稱為「擊殺鏈」（kill chain），自衛隊必須先擁有這個「擊殺鏈」的能力才行。

此外，日本還必須以各種方式來投射飛彈，盡可能從接近北韓的位置發動攻擊。由此想來，潛艦會是很好的選擇。以潛艦裝載飛彈，能夠從距離敵國領域非常近的位置進行突襲發射（若有必要，甚至可以在敵國領域之內），由於飛行距離短，從發射到命中的時間也短，再加上潛艦的特性，能夠長時間躲藏在敵國附近執行哨戒任務。

北韓的潛艦製造技術較落後，其潛艦基本上沒有辦法離開黃海等本國威力圈。但如果日本的海上自衛隊潛艦想要追蹤及摧毀北韓的戰略潛艦，日本的潛艦就必須擁有長時間潛航的能力。一般潛艦的行動能力及偵測能力都有限（要偵測出敵方的潛艦，必須消耗龐大的電力），因此日本的海上自衛隊應該積極討論購置核動力潛艦的必要性。

除了北韓之外，中國在水下戰鬥的能力也還落後於美國的盟友。因此若將對抗中國也納入視野，盡早擁有及運用核動力潛艦可說是日本國家防衛上的必要條件。

日本獨自的防衛努力

●防衛預算的增額

日本如果想要在未來擁有足以對抗中國的防衛能力，相當於GDP一%以下的防衛預算是絕對不夠用的。而且這一%以下的防衛預算裡頭，還包含了與強化自衛隊沒有關聯的美軍整編相關費用約兩千億日圓。如果只計算單純的防衛預算，連五兆日圓都不到。現在的防衛預算包含了約四五%的人事費及伙食費，以及約三五%的歲出化經費（債務清償經費）。相當於該年度新裝備武器購入費及活動費的一般物件費只佔了二〇%。不僅如此，而且歲出化經費（負債）年年增加，讓防衛費用捉襟見肘。以最簡單的方式來計算，光是要填補這不斷增加的歲出化經費的負擔，每年至少必須增加一二%左右的防衛預算。

未來的防衛力量不能只侷限於傳統的作戰領域，還必須要顧及網路戰、太空戰、電磁戰、各種無人武器、AI人工智慧的活用等等，這是必然的趨勢。光是這些所必需投入的費用，便已相當可觀。因此一定要盡可能趕快確保GDP的二%左右的防衛預算，並且重新建構日本的防衛戰略，與美國的國防戰略及作戰構想確實搭配。

除了必須整合日本與美國的作戰思想之外，還必須依此決定出重點裝備武器及重點政策，訂下優先順序，迅速建立起必要的防衛力量。想要強化日美同盟的關係，先決條件是必須擁有能夠完成使命的強大自衛隊。

●充實人員戰力

自從一九九八年之後，直到二〇一四年為止，自衛隊的人數一直是只減不增，但是自衛隊的任務卻是不斷增加。各自衛隊只能靠著部隊整編及改變定額員數等各種手段來因應，但如今已幾乎到達了極限。如今日本的周邊存在著現實的威脅，自衛隊應該要團結起來，要求補充必要的人員戰力。

此外，還應該要廢除當初作為應急措施的「充足率」，藉此增加實際的人員戰力。所謂的充足率，是當年自衛隊剛成立後不久，由於人員募集困難，實際人數與足額人數出現落差，基於人事及伙食預算效率化的觀點才開始採行的制度。這可說是自衛隊特有的制度，其前提是當發生戰事時必須立刻補足人力的缺口。

自從建立了這個制度之後，實際人數與足額人數有落差成了常態。雖然如今充足率正在逐年改善，但各自衛隊的人數依然只有足額人數的九十多％。大致估算下來，全自衛隊實際人數與足額人數的落差約有兩萬人。因為這個緣故，各自衛隊的人員勤務編制幾乎已到了負荷的上限。為了因應突如其來的戰事，應該要立刻廢除充足率制度，徹底充實自衛隊不足的人力。

不過另一方面，自衛隊人才招募困難也是不爭的事實。尤其是如今日本社會正面臨少子化的現象，如果不大幅改善自衛官的待遇，要依照計畫招募到足額的人力是相當困難的一件事。現役自衛官或許在這方面有些難以啟齒，但我認為應該比照特別公務員，提高他們的薪資，增加各種津貼，並且仿效外國，增加各種獎學金制度及退役後再僱用制度，並且增加防衛相關事務官的人力，確保人員戰力在未來能夠長保充足的狀態。

補充人員戰力很重要，如何加以運用也很重要。過去自衛隊執行了許多原本似乎不應該由自衛隊來執行的任務。自衛隊基於其軍事機能，擁有高度的機動性及獨立作業能力，導致容易受到濫用，這個問題也必須加以改善。

應該立刻將政策從「專守防衛」變更為「積極防衛」

日本的《憲法》高打著和平主義的理想，在第九條明文規定放棄戰爭，不維持戰力，放棄交戰權。政府基於這套和平憲法所提出的國家安全基本政策，就是專守防衛，不成為軍事大國，以及非核三原則。從國家安全的觀點來看，這些都是非常消極的概念，尤其是專守防衛這句話，讓日本的國家安全相關討論變得極為荒謬。說得明白一點，光靠專守防衛絕對沒有辦法守護日本。

●專守防衛是二戰後國家安全保障上最具代表性的空泛言論

自從日本在二戰中戰敗，實行了日本《憲法》之後，在國家安全方面的討論就一直沒有任何建設性，其空泛的程度可說是世界罕見。其中最具代表性的空泛言論，正是「專守防衛」這句話，站在全世界的常識角度來看，這可說是最荒謬的政策。

所謂的「專守防衛」，其定義為「在遭受武力攻擊後才能行使防衛力，其樣態必須為自衛所需要的最低限度，此外國內所維持的防衛力也必須是自衛所需要的最低限度，完全符合《憲法》精神的被動防衛戰略立場」（節錄自二〇一五年三月眾議院向安倍內閣提出「專守防衛」相關質詢時的答辯書）。我相信一般的日本民眾根本不知道「專守防衛」的這個定義。「專守防衛」若依照字面來解釋，就是「只防衛而不攻擊」。但是這種「只防衛而不攻擊」的政策，從軍事的角度來看，是一種「百戰百敗」的政策。

用柔道和拳擊來比喻，應該就很容易理解。如果「只防衛而不攻擊」，最後一定會敗北。敵人面對一個只防衛而不攻擊的對手，可以毫無顧忌地全力攻擊，要獲得勝利實在是太容易了。不管是拳擊、柔道還是其他體育競賽，只守不攻的戰術都是非輸不可。攻擊與防禦一定要維持平衡才行，在軍事的世界裡絕對沒有只守不攻這回事。這可說是相當不恰當的政治語言。

只要日本依然打著「專守防衛」當口號的一天，必定毫無遏止力（防止敵人發動攻擊的力量）可言，只能仰賴美軍。自衛隊沒有辦法單獨對抗中國和北韓的威脅，必須靠美軍幫助。日本的政壇喜歡拿「專守防衛」當成國家政策，但拿這種不理性的想法當政策絕對是一大錯誤。

●立即將政策轉換為「積極防衛」

從遏止及應對的觀點來看，日本應該採用的政策不是問題多多的「專守防衛」，而是「積極防衛」。所謂的積極防衛，指的是「當遭受武力攻擊時，才行使必要的防衛力進行反擊」

的政策。也就是「日本雖然不會先出手攻擊，但如果遭到攻擊的話，就會為了自衛而以必要的防衛力進行反擊」。其定義之中並沒有專守防衛那種「防衛力的行使為自衛所需要的最低限度」、「維持的防衛力也必須是自衛所需要的最低限度」之類過度消極的詞句，而是更加適當的「行使必要的防衛力進行反擊」。

值得一提的是，被日本視為最大威脅的中國人民解放軍，其傳統戰略也是「積極防禦」，多數是使用「積極防禦戰略是中國共產黨的基本軍事戰略，在戰略上堅持防禦、自衛及後發制人」這樣的定義。這樣的概念，與我所主張的「積極防衛」不謀而合。既然中國自己也主張「積極防禦」，就算日本主張「積極防衛」，中國也沒有辦法提出抗議。

今後日本應該屏除「專守防衛」，改從「積極防衛」的立場制訂具體的戰術，並依此進行訓練及裝備武器的研究及開發。

間諜防治法的制訂與諜報機關的重視

●制訂間諜防治法為當務之急

日本被稱為「間諜天堂」，因為沒有能夠取締間諜行為的「間諜防治法」。沒有間諜防治法，就沒有間諜罪的相關規範。

在日本，就算國家的重要機密或企業機密遭不法竊取，也沒有辦法以間諜罪加以處罰。像這樣沒有辦法處罰間諜行為的國家，在世界上可說是相當罕見。

日本的第一任內閣安全保障室長佐佐淳行，曾經在警視廳公安部及大阪府警警備部負責取締來自北韓、蘇聯及中國的間諜行為，他在月刊雜誌《諸君！》（文藝春秋，二〇〇二年十二月號）中提出了以下見解。

我們日以繼夜地對抗及取締來自北韓等共產國家的間諜，但就算我們逮捕、起訴了這些北韓等共產國家的間諜，也頂多只會判一年，而且還附帶緩刑。審判一結束，這些人就可以大搖大擺地離開日本。為什麼刑罰會這麼輕？理由就在於這個國家缺少了每一個國家都有的間諜防治法。

在日本以外的國家，從事間諜活動是可以判處死刑或無期徒刑的重大犯罪，但在日本卻只能以《出入國管理法》、《外國匯兌管理法》、《護照法》、《外國人登錄法》、竊盜罪、民宅侵入罪等刑度相當輕的特別法及一般刑法來取定，實質上形同於放任不理。

我很擔心沒有間諜防治法的日本，軍事機密及最先進的技術會遭大量竊取。雖然這些間諜的國籍以中國、北韓、俄羅斯為主，但恐怕也有來自民主國家的間諜。

從國家安全面來看，防守國家機密及防衛機密，預防及取締他國人士的諜報活動，等同於行使自衛權是理所當然的行為。世界上的任何國家，都有著嚴厲懲罰間諜行為的法律（間諜防治法或國家機密法）。這可說是防杜間諜的基本對策。

日本以外的任何國家，抓到了危害國家安全的間諜都會處以死刑或無期徒刑之類的重罰，日本卻做不到這一點。

●充實日本的諜報機關

世界各國都有著派人前往國外從事諜報活動的對外諜報機關，如美國的中央情報局（CIA）、中國的國家安全部（MSS，主要任務為竊取外國的先進技術）、英國的祕密情報局（SIS，通稱軍情六處〔MI6〕）、俄羅斯的聯邦安全局（FSB，前身為蘇聯時代著名的KGB。如今的俄羅斯總統普丁原本正是FSB的第四任局長）、德國的聯邦情報局（BND）、以色列的情報及特殊使命局（通稱莫薩德Mossad）等，但是日本並沒有這種派人前往國外從事諜報活動的諜報機關。

日本有一些在國內活動的諜報機關，例如公安警察、公安調查廳、內閣情報調查室（CIRO）、防衛省的情報本部（DIH）等，但是規模都相當小（除了DIH），而且這些機關都不會派人前往國外從事諜報活動或執行特殊任務（暗殺或破壞）。

日本既沒有取締間諜的法律，本身的諜報機關規模也太小，難怪會被稱為間諜天堂。

第六章總結

以下為第六章的結論。

- 從日本的國家安全面來看，美日共通的「印度太平洋戰略」可說是相當重要的戰略。這個戰略重視的是美國與第一島鏈上諸國的密切合作。藉由強化這個合作關係，才能對抗中國的「一帶一路」戰略。

- 日本的戰略完全忽略了台灣。發生在台海的衝突，就像是日美同盟的試金石。在美日共通的「印度太平洋戰略」之中，台灣的地位相當重要。理由就在於台灣和日本都是第一島鏈上的重要成員，台灣的防衛與日本的防衛有密不可分的關係。
- 日本的《國家安全保障戰略》的問題，就在於沒有明確指出來自中國的威脅，因此也沒有制訂出充分聚焦的「對抗威脅的防衛計畫」。
- 應該立刻修改日本《憲法》第九條，這是危害日本國家安全的萬惡根源。拒絕針對修改《憲法》議題進行討論的國會議員，等於是放棄了身為國會議員的職責。
- 日本應該承認「平時的自衛權」，這在國際慣例上是理所當然的權利。許多屬於灰色地帶的事態單靠現在的警察權很難處理，但只要能承認「平時的自衛權」，就能夠找到應對的辦法。
- 為了讓日本的國家安全回歸正確的機制，建議「制訂『對抗威脅型戰略』，與美國的戰略確實整合」、「擁有攻擊敵方基地的能力」、「增加防衛預算」、「充實人員戰力」、「從專守防衛變更為積極防衛，例如擁有航空母艦及核動力潛艦」、「制定間諜防治法及充實諜報機關」。

譯註

註一：馬來西亞海巡在二〇一七年接受來自日本的贈與，分別是北根號（KM Pekan, 9203）及「亞婁號」（KM Arau, 8704）。前者是海上保安廳的襟裳號（PL-02，えりも）大型救難強化型巡視船，後者是沖島號（PL-01，おき）大型救難強化型巡視船。

註二：日本的現行《憲法》誕生於一九四六年，當時《憲法》的制訂是在盟軍最高司令官總司令部（GHQ）的監督下進行的，原本的草案中的第九條是「永遠放棄以國權發動戰爭、武力威脅或武力行使，作為解決國際爭端的手段」，並有第二項「不保持陸海空軍及其他戰爭力量，不承認國家的交戰權」。但是在制訂的過程中，眾議院帝國憲法改正案小委員會委員長芦田均，在第二項的前面加入了「為了達到前項目的」一詞，讓第二項變成了「為了達到前項目的，不保持陸海空軍及其他戰爭力量，不承認國家的交戰權」，這就是所謂的「芦田修正」。這個修正非常重要，因為這樣的修正讓整個條文可以解釋成「若是為了達到自衛的目的，就可以維持戰力」。當時的GHQ在得知了「芦田修正」之後，便已預期到了日本未來將以此主張可擁有自衛戰力，因此提出要求：「在第六十六條增列第二項：內閣總理大臣及國務大臣須為文民」。此處的「文民」，簡單來說就是「非軍人」。換句話說，就是GHQ擔心日本再度走上軍國主義之路，因此要求內閣總理大臣及國務大臣都不能是軍人。但是試想：倘若日本根本沒有軍隊，當然就不會有軍人，既然如此又何必要多此一舉，增設「文民」條款？所以所謂的「芦田修正論」，就是根據這一點反推，認定當初一九四六年憲法草案在芦田修正之後，本來就是以「日本可以擁有自衛戰力」為前提。

註三：「集體自衛權」（right of collective self-defense）是一種「積極防衛」的概念，也就是「即便日本沒有遭受攻擊，但只要認定外國的軍事衝突會對日本造成威脅，日本的自衛隊就可以積極出兵干預」。換句話說，集體自衛權意味著自衛隊並不見得一定要在日本遭受攻擊的時候才能行使武力。

註四：「武力行使的一體化」，簡單來說，就算日本並沒有使用武力，但是倘若其他國家使用了武力，而日本採取了與其相關的行動，那麼在法理上，這也等同於日本參與了使用武力的行為，這在日本的法律上是不允許的，這就是所謂的「武力行使的一體化」。舉例來說，假設美國跟某個國家打仗，日本雖然沒有出兵幫美國打仗，但是卻對美國提供後勤支援的幫助，這會被視為日本也一同行使了武力，在日本國內可能會產生違憲的問題。

結語

以下不厭其煩地再次強調本書的訴求。第一，針對「美中競爭」這個影響當前國際局勢的最大變數，從兩國的國家安全政策及戰略的角度分析其背景及現況。

第二，藉由描述人民解放軍的現況及台灣、朝鮮半島的情勢，強調日本周邊的國家安全局勢正因「美中競爭」而處於岌岌可危的狀況。

第三，說明日本面臨這樣的嚴峻狀況，應該採取什麼樣的做法。結論是日本與美國應該秉持「印度太平洋戰略」這個共通的戰略，對抗中國的「一帶一路構想」。想要以「印度太平洋戰略」對抗中國，最大的關鍵就在於防衛第一島鏈。簡單來說，就是強化第一島鏈上的日本、台灣、菲律賓、印尼、馬來西亞與周邊關係國如美國、澳洲、印度、泰國、新加坡、越南等國的合作關係，遏止中國的高壓攻勢。

台灣的防衛，一直是第一島鏈防衛觀點上的盲點。本書特別強調防衛台灣的重要性，尤其重視日本在防衛台灣的行動上能夠做什麼，以及必須做什麼。

川普總統的「以武力維持和平」逐漸失守

二〇一九年六月一日，美國國防部發表了《印太戰略報告》。這可說是對抗中國高壓崛起所不可或缺的戰略，但要實現這個戰略的最重要條件之一，就是美國與其同盟國及友好國家之間的緊密合作關係。

然而現實中卻發生了足以動搖這最重要合作關係的事件。川普總統突然下令撤離駐守於敘利亞北部的一部分美軍，導致土耳其在十月九日對敘利亞東北部發動軍事行動。其攻擊的目標，就是過去與美軍一同對抗ＩＳ的庫德族。因為美軍撤退的關係，俄羅斯及敘利亞強化了在這個地區擴大影響力的活動，導致美國的影響力無可避免地下滑。

川普在剛當上總統的時候，確實履行了他在二〇一六年競選總統時作出的「以武力維持和平」的承諾。例如當北韓以研發核彈等行動向美國挑釁的時候，川普一再強調「所有的選項（包含採取軍事行動）都已經擺在我的桌上」、「將會施加最大的壓力」，強迫北韓實施非核化，再加上聯合國的經濟制裁，發揮了一定的效果。

但是在二〇一八年六月舉行了第一屆的美國北韓高峰會之後，川普的作為與決策讓人不禁懷疑他是否已經放棄了「以武力維持和平」的策略。例如他變得對金正恩非常寬容，默許北韓繼續研發核彈。二〇一九年六月，川普一度決定要對伊朗採取軍事行動，但是卻在執行的十分鐘前改變了心意。當時的美國國家安全顧問約翰·波頓（John Robert Bolton）也抱怨，「放棄軍事攻擊，會讓伊朗瞧不起我們」。後來川普又突然宣布將美軍從敘利亞北部撤離，導致土耳其趁勢進攻敘利亞北部。

在過去，美軍是遏止土耳其攻擊敘利亞北部庫德族的最大力量。川普突然決定撤離美軍，在堪稱美軍戰友的庫德族眼裡無疑是個背叛行為。許多站在第一線的美國軍人也感到憤慨不已，認為不應該拋棄那些曾經與美軍一同對抗ＩＳ的英勇庫德人。

從以上這些決策，我們不得不說川普的對外政策明顯已經失去了「以武力維持和平」的決心。不再靠著世界最強的軍事實力「以武力維持和平」的川普總統，必定會跟前總統歐巴馬一樣遭受全世界強悍領袖的輕蔑。美國的同盟國及友好國家，也會喪失對川普政府的信賴。

繼庫德族之後，下一個被拋棄的會是台灣？

有很多人擔心在川普冷酷拋棄庫德族之後，台灣將成為下一個川普驚人之舉的犧牲者。例如《華盛頓郵報》就刊登了一篇報導，指出：「川普拋棄了敘利亞的庫德族，下一個會不會是台灣？」

習近平自從在二〇一二年就任中國共產黨總書記之後，就一再強調追求兩岸統一的決心。他數次宣稱「不會放棄對台灣使用武力」。二〇一九年十月十三日，習近平在尼泊爾演講時再度說出了相同的威脅之語，甚至警告「任何人企圖在中國任何地區搞分裂，結果只能是粉身碎骨」。

倘若中國攻擊台灣而美國睜一隻眼閉一隻眼，必定會對包含日本在內的亞洲諸國造成強大的衝擊。與美國同盟的各國必定會從此對美國的安全承諾抱持疑慮，讓中國、北韓及俄羅斯的氣焰更加高漲。不僅如此，中國的海洋權益也將擴大至西太平洋，中國將完全掌控這個地區。

中國向台灣提出了「一國兩制」的方案，承諾將維持台灣的資本主義及民主主義體制。

但是當初中國對香港提出了「一國兩制」，到頭來還是由中國單方面違背承諾，變成了實質上的「一國一制」。台灣人擔心「今天的香港就是明天的台灣」絕非杞人憂天。

如今的美國抱持著「美國優先」的念頭，把目光放在美國國內，對於國際上的種種問題都缺乏加以解決的決心及能力。在這樣的狀況下，倘若爆發台海危機，雖說還是應該對美軍抱持期待，但更重要的是台灣及日本不能對美國過度依賴，必須展現出自立自強的姿態與決心。

首先抱著自立的精神，強化本國的經濟實力、外交實力、防衛實力及科技實力。一個不夠強大的國家，沒有辦法贏得美國的信任。以自立自強為基本心態，再來追求強化日美同盟。此外與其他友好國家的互助合作，也是讓日本永續長存的必要條件。

筆者在二〇一九年十一月中旬，受邀參加了一場由台灣的國防大學所主辦的國際會議。會議上所探討的議題，是來自中國人民解放軍的威脅，以及美日台三國如何對抗此威脅。在台灣負責國防相關工作的人士，都抱持著相當大的危機意識。筆者在會議上所發表的內容，就是本書中的這些內容。香港的危機會帶來台灣的危機，台灣的危機會帶來日本的危機。這場國際會議，讓筆者再次體認到國際社會上許多事情都是牽一髮而動全身的。

最後，筆者想要對支持本書出版的各方有識之士，以及讀完了本書的讀者們致上最深的謝意。

令和元年（二〇一九年）　執筆者代表　渡部悅和

台灣有事

日本眼中的台灣地緣重要性角色

台湾有事と日本の安全保障 – 日本と台湾は運命共同体だ

作者：渡部悅和、尾上定正、小野田治、矢野一樹
譯者：李彥樺
主編：區肇威（查理）
封面設計：莊謹銘
內頁排版：宸遠彩藝

社長：郭重興
發行人兼出版總監：曾大福
出版發行：燎原出版／遠足文化事業股份有限公司
地址：新北市新店區民權路 108-2 號 9 樓
電話：02-22181417
傳真：02-86671065
客服專線：0800-221029
信箱：sparkspub@gmail.com

讀者服務

法律顧問：華洋法律事務所／蘇文生律師
印刷：成陽印刷股份有限公司

出版：2022 年 6 月／初版一刷
定價：380 元

ISBN 9786269578672（平裝）
9786269578696（EPUB）
9786269578689（PDF）

TAIWAN YUJI TO NIHON NO ANZEN HOSHO

國家圖書館出版品預行編目 (CIP) 資料

台灣有事 : 日本眼中的台灣地緣重要性角色 / 渡部悅和 , 尾上定正 , 小野田治 , 矢野一樹著 ; 李彥樺譯 . -- 初版 . -- 新北市 : 遠足文化事業股份有限公司燎原出版 , 2022.06

320 面 ;14.8X 21 公分

譯自 : 台湾有事と日本の安全保障 : 日本と台湾は運命共同体だ

ISBN 978-626-95786-7-2(平裝)

1. 亞洲問題　2. 中美關係　3. 國防戰略　4. 日本

578.193　111007938